데이터를 지배하는 자가 비즈니스를 지배한다

광고비즈니스 향후 10년

ADVERTISING BUSINESS - NEXT DECADE

요코야마 류지 · 사카에다 히로후미 저
애드텍포럼 역

미리 언급하지만, 이 책의 취지는 광고대행사를 부정하는 것이 아니다. 일본의 광고대행사가 디지털화와 글로벌화라는 대변혁의 파도를 뛰어넘어, 차세대형 광고대행사로서 차기 성장 모델을 구축하기를 바라는 마음에서 펜을 든다.

본서는 현재의 광고대행사에게 무엇이 위기이고 무엇이 기회인지 논하고 있다. 따라서 개선해야 할 점에 대해서도 꼼꼼히 지적했기에, 광고대행사에서 일하는 사람에게는 듣기 거북하거나 비방당한다고 느껴지는 부분이 있을지 모른다.

그러나 필자 또한 대학 졸업 후 광고대행사에 입사하여 지금껏 종사해 온 광고장이다. 이 업계와 일에 자긍심은 물론 친근감과 애착을 갖고 있다. 그런 만큼 본서는 독자에게 보내는 격려이자, 특히 다음 세대를 짊어질 광고인에게 보내는 메시지임을 알아주었으면 한다.

광고대행사의 비즈니스 모델은 신문의 광고 지면 판매에서 시작되었다. 광고 지면을 팔기 위해 부수적인 서비스의 질을 높인 결과 현재에 이르렀다.

그 과정에서 TV라는 미디어의 제왕이 등장하여 압도적인 힘을 지닌 광고 미디어로 성장했다. TV의 위상이 흔들리지 않는 한 기존 비즈니스 모델은 건재할 터였다. 하지만 미국처럼 상대적으로 TV의 영향력이 약해지지 않은 일본의 광고시장에도, 마침내 대변혁의 파도가 밀어닥쳤다.

디지털화가 초래한 패러다임 변화

그 첫 번째 파도는 바로 '디지털'이다. 물론, 종합광고대행사는 일찍부터 온라인 광고를 활용해 왔다. 필자 역시 초창기부터 종합광고대행사의 일원으로서 관여하고 있다. 하지만 지난 5년간 디지털화에 수반되어 나타난 거대한 패러다임 변화는 비즈니스 모델 자체를 뒤흔들었다.

광고업계는 100년 가까이 '광고 섹션 수주'를 생업으로 삼아 왔다. 그런데 디지털화의 영향으로 광고대행사가 수주하는 방식에 변화가 일어났다. 광고 섹션은 판매자가 모든 것을 결정한다. 따라서 판매자 측 논리가 적용된다. 구매자인 광고주는 광고 메뉴에서 선택만 할 뿐이었다.

그러던 것이 디지털화의 흐름에 따라 실현 가능해진 '입찰' 플랫폼이 광고업계에 확대되면서, 구매자의 논리로 광고를 구입하는 구조가 등장했다. 아이러니하게도, 맞춤형 디지털 매체 구매 시스템(DSP : Demand Side Platform)이나 실시간 경매 방식(RTB : Real Time Bidding)과 같은 시스템은 리먼 브러더스 사태로 해고된 금융공학 엔지니어가 만들었다. 즉 주식시장의 온라인 트레이딩과 동일한 논리로 생겨난 것이다.

금융업계에서 이미 일어난 일을 광고업계에 적용해 보자. 영업사원이 판매하던 주식을 구매자가 온라인을 통해 직접 사고팔 수 있게 되면서, 증권회사의 영업사원은 지난 15년간 거의 반으로 줄었다. 그래도 금융업계에서는 온라인 거래 시 증권회사가 중개 역할을 한다. 하지만 검색연동형 광고나 맞춤형 디지털 매체 구매 시스템에 의한 디스플레이 광고 매매의 경우 광고주가 직접 거래할 수 있다. 온라인 트레이딩 수수료의 요율이 크게 하락했듯이, 중개로 발생하는 부가가치가 낮다는 점은 부인할 수 없다.

이러한 시스템의 보급으로 광고 섹션 판매 형태 자체가 변화하게 된다. 이를 단적으로 표현한 '섹션에서 사람으로'라는 문구는 4년 전 필자가 개인 블로그에서 처음 언급한 것이다. 바꿔 말하면, '어디에 게재할 것인가'에서 '누구에게 제공할 것인가'가 향후 광고 공급의 요점이 된다. 제공 대상을 결정짓는 유저 데이터는 구매자 측이 보유한다. 즉 광고주로 주도권이 이동하고 있는 것이다. 해당 데이터를 유통하는 과정에서 광고대행사가 중개해야 할 필연성은 매우 희박하다.

판매자의 논리에서 구매자의 구매 논리로, 광고대행사 영업사원의 수주에서 온라인을 통한 입찰 운용으로, 더 나아가 미국에서는 이들 요소를 광고주가 자사 내에서 해결하는 흐름을 보이고 있다.

디지털화에 따른 비즈니스 환경의 변화는 이뿐만이 아니다. 디지털이 마케팅 분야 전체의 중심으로 자리 잡은 가운데, 과학기술을 어떻게 마케팅에 활용할 것인지가 기업의 중요한 과제로 떠올랐다. 이 같은 흐름과 맞물려 기업의 IT 투자는 정보 시스템과 같은 후방 영역에서 영업 · 마케팅과 같은 전방 영역으로 변화하고 있다.

작금의 상황에서 과연 광고대행사가 마케팅 영역에 대한 기술 활용을 지시하고 분석하며, 운용하는 것이 가능할까. 당연한 일이지만 종래의 IT 예산 수주를 생업으로 삼아온 SI 업체(system integrator)들이 이런 움직임을 간과할 리 없다. 정보 시스템 부문이 주 고객이었던 SI 업체는 마케팅 부문에 진출하기 위해 현재 호시탐탐 기회를 엿보고 있다. 이러한 여건 속에서 광고대행사는 과연 우위성을 유지할 수 있을까.

급격하게 진행되는 글로벌화

대변혁의 두 번째 파도는 '글로벌화'다.

원래 '글로벌화'는 '디지털화'와 동전의 양면처럼 함께 존재한다. 디지털화와 글로벌화의 밀접성은 '어플리케이션을 하나 개발하면 전 세계에 판매할 수 있는' 요즘 현실을 떠올려보면 쉽게 이해된다. 이 같은 상황에서 일본은 옳든 그르든 항상 세계 시장과 단절된 상태였지만, 결국 행동에 나서야 할 조건이 갖추어졌다.

여기서 최대한 경의를 표하며 주목하고 싶은 것이 바로 덴츠(電通)의 이지스 그룹 인수와, WPP의 디지털 글로벌을 향한 최근 동향이다. 이들 기업의 움직임은 구글과 페이스북 등 디지털 글로벌 사업 영역을 의식하고 P&G, 유니레버 등 글로벌 기업의 요구에 부응하는 개혁이다.

이러한 흐름에 발맞추듯 세계 2위 광고대행사 옴니콤과 3위 퍼블리시스의 합병으로 퍼블리시스 옴니콤 그룹이 탄생했다. 광고업계 최대의 합병 드라마가 차례로 펼쳐진 것이다.

지금까지 일본 광고대행사의 비즈니스 영역은 GDP 세계 3위이자

1억 2,000만 명의 인구를 지닌 일본 시장만으로도 충분했다. 성장 전략이라고 해봐야 아시아에 진출해 '네트워크 서비스'로 명칭만 바꿔 외부의 수주를 받았을 뿐, 아시아 각국에서 사업을 전개하는 일본 광고주의 뒤를 따르는데 그쳤다. 매출은 일본 국내 매출에 비하면 수 %에 불과했고, 최종 공헌 이익은 더욱 낮았다.

한편, 일본 국내에서는 미디어와 손잡고 진입 장벽을 높임으로써, 일본에 진출하려는 외국계 광고대행사에게 '비효율적인 시장', '정체된 시장'이라는 이미지를 심어주고 말았다. 그 영향으로 글로벌 기업과 외국계 광고대행사들은 싱가포르와 상하이 등 거점을 아시아의 허브로 삼고 '일본 따돌리기'에 나섰다. 그 결과 '국내 이권 보호 → 글로벌 서비스망에서 제외 → 자승자박의 결과'라는 구도에 빠지게 되었다. 이에 따른 피해자는 다름아닌 광고주다.

글로벌화의 파도는 이제 강 건너 불구경이 아니다. 덴츠와 WPP는 세계 5대 광고대행사 가운데 일본시장에 가장 영향력이 큰 기업이다. 특히 일본의 광고주는 광고대행사의 선택지가 매우 적은 만큼, 일본발(發) 덴츠의 디지털화와 글로벌화로 '편승하느냐, 이탈하느냐'의 선택에 내몰리는 상황이 늘어날 것이다.

이러한 움직임에 미디어 측도 동조하여, 하쿠호도(博報堂)를 비롯한 모든 광고대행사는 갈수록 차별화하기가 힘들어진다. 이와는 별개로 자기 방어를 위한 전략으로서 광고주도 자사 내에 광고대행사 기능을 갖추려는 노력을 가속화한다. 한편으로, 기술을 주체로 하는 광고 기술 회사는 국경을 초월하여 일본에 진출할 기회를 노리고 있다.

이처럼 일본 시장에서 디지털화와 글로벌화의 파도가 거세지는 가운데 놓쳐서는 안 될 절호의 기회가 다가오고 있다. 광고 · 마케팅 분야의 모든 관계자들은 이를 강하게 의식해야 한다. 일본에서 살아남겠다는 근시안적인 시점이 아니라, 디지털의 가능성을 바탕으로 글로벌한 발상을 지님으로써 비즈니스를 확대할 수 있기 때문이다.

광고대행사와 광고주, 미디어, 마케팅 관련 기업이 비즈니스를 재구축하는 데 본서가 도움이 될 수 있다면, 그보다 더 큰 기쁨은 없을 것이다.

글 싣는 순서

제1장
기로에 선 광고 '대행'사

제1장
기로에 선 광고 '대행'사

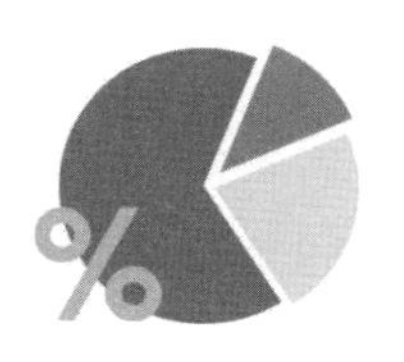

비즈니스 리모델링이 필요하다

광고대행사의 비즈니스 모델은 이전부터 '커미션(commission · 매체 수수료) 방식에서 피(fee · 성과보수제) 방식'으로, 또는 '성공보수형'으로 바뀌어야 한다는 논의가 이루어져 왔다. 일본 광고대행사의 수익 모델이 미디어 부문 마진에 치우쳐 있는 것은 사실이다. 그렇다면 그 외의 수단으로 피 방식 또는 성공보수형을 택하는 것이 좋을까? 현실은 그렇게 단순하지 않다.

미국과 유럽 광고대행사들의 수익 모델은 '커미션 방식에서 피 방식'으로, '피 방식에서 성공보수형'으로 앞서 가고 있지만, 그렇다고 큰 성공을 거두고 있는 것은 아니다. 오히려 미디어의 광고 섹션을 사들여 리스크를 감수하면서도 적절하게 판매를 관리함으로써 이익을 창출하는 모델도 재검토되고 있다. WPP는 덴츠의 방식을 보고 역시 커미션 쪽이 득이 된다고 여겼을 것이다.

피 방식의 경우에는 광고대행사 측도 일정한 수익을 확보할 수 있지만, 근로에 대한 대가를 시간으로 환산하는 노임기준보수(labor-based fee)와 같은 형태가 되면 난처해진다. 매출이익은 확대되기 어렵고, 인센티브가 거의 작용하지 않기 때문이다. 그러한 환경이라면 적극적으로 일해도 결과가 바뀌지 않으므로, 광고대행사 측은 동기 부여가 되지 않는다. 결국, 광고주 측도 광고대행사에게서 적극적인 제안을 받기 어려운 악순환이 일어난다.

성공보수형 또한 도전해 보는 것은 좋지만, 필자의 경험에 의하면, 일본의 광고주는 성공한 뒤의 수익배분(revenue share)을 의외로 꺼린다. 성공이 기대된다면 분배하지 않는 편이 수익금은 커진다.

수익 모델 다양화를 위한 대응

디지털화·글로벌화의 파도 앞에 놓인 광고업계. 구체적인 '비즈니스 리모델링' 안을 한마디로 표현하면, '수익 모델의 다양화에 대응하라'는 것이다.

실제로 수익 모델 변화는 이미 일어나고 있다. 소위 매스미디어 광고의 광고 섹션은 당분간 수주에 따른 판매가 이어질 것이다. 해외에서는 구글이 라디오, 신문, TV 광고 섹션의 온라인 거래에 도전하고 있지만, 아직 성공적이지는 않다. 이러한 점으로 미뤄볼 때, 디지털 미디어가 아닌 미디어의 광고 섹션은 여전히 수주가 주를 이룰 것으로 보인다.

그러나 디지털 미디어의 점유율이 지금 이상으로 높아질 것이라는 사실은 틀림없다. 컴퓨터, 스마트폰, 태블릿, TV, 디지털 옥외 광고 매체(Digital Signage·디지털 영상장치), 차량용 내비게이션, 인터넷 가전제품 등등, 디지털 기기를 이용한 소비자와의 접점이 폭발적으로 늘어난다. 그 접점을 통해 얻은 유저 데이터를 토대로 한 광고 섹션 구입은 온라인 관리 화면으로 조작할 수 있다. 이른바 입찰 방식의 광고 섹션 구입이다.

이 같은 형식이라면 가령 효과 측정 결과를 활용한 PDCA(Plan-Do-Check-Act) 사이클도 실행 가능하며, 광고 집행을 거듭할수록 광고효과를 높일 수 있다. 구매자 논리가 적용된 광고 섹션 구입 시스템이기도 하므로 이러한 구입 방식의 보급은 필연적인 결과일 것이다. 또한, 데이터 관리 시스템(DMP)의 보급으로 광고주의 고객 데이터 정비 및 관리가 이루어지면서 이들 방식이 정착, 확대될 것이다.

수익을 확실하게 확보할 수 있는 비즈니스는 기존보다 더욱 발전시켜 미디어 측과 연계한다. 피 방식의 경우에는 높은 부가가치를 제공할 수 있도록 뛰어난 컨설팅 역량을 갖춘 인재를 확보하는 것이 중요하다. 성공보수형이라면, 사업 개발부터 함께 참여하여 공동사업 형태로 추진할 수 있도록 한다.

즉 자산 운용을 포함해 수익 모델의 다양화에 대응할 수 있는 인재를 재편성하는 것이 최선이다. 비즈니스 환경이 바뀌는 상황에서, '이 사업으로 어떻게 수익을 얻을 것인가'를 기획하는 능력이 필요하다. 이제부터는 '커뮤니케이션 크리에이티브'는 물론 '비즈니스 크리에이티브' 능력이 중요하다. 광고대행사에서 키워온 창의성을 비즈니스 모델 개발에 적용할 필요가 있다.

필자는 과거 광고대행사에서 어카운트 플래너(account planner)를 자처했던 시기가 있었다. 어카운트 플래너라는 개념은 영업 최전선에서 광고주의 요구에 부응해 커뮤니케이션 전략을 제안하고 집행하는 역할로 정의된다.

그러나 앞으로는 '매체수수료와 피(fee) 중 어느 방식으로 수익을 얻을 것인가', 또는 '투자해서 공동사업을 진행할 것인가', '기술 영역에 투자할 것인가', '광고주와 함께 미디어를 만들어 B2C 비즈니스(기업 · 소비자 간 거래)를 할 것인가' 등등 모든 각도에서 수익 모델을 고안해내는 것이 어카운트 플래너의 역할이 될 것이다.

요컨대, 기존과 같은 형태의 광고대행사로는 수익 모델 다원화에 신속하게 대처할 수 없다. 발 빠르게 새로운 회사를 일으켜 성공적인 대안을 마련하고 사업을 육성하는 것이 중요하다.

속도감으로 비교하면, 온라인 광고대행사의 움직임이 압도적으로 빠르다. 젊은 경영자와 경영진이 역동적이면서도 민첩하게 대응하며, 물러날 때의 결단도 신속하다. 이 같은 특징은 영업과 수수료 비즈니스 이외의 경험이 없는 기존 광고대행사에서 찾아보기 힘들다.

실패는 많은 깨달음을 일깨워 준다. 아직 실패한 적이 없다는 것은, 바꿔 말하면 새로운 도전을 전혀 하지 않았다는 의미다. 아마 그러한 회사들이 많으리라 본다. 지금까지 변화가 없었던 광고업계도 이제부터 극적인 구조 변화를 맞이하게 될 것이다. 무리하게 도전해서 큰 타격을 입느니 몸을 낮추는 것도 그 나름대로의 경영 판단이라 할 수 있겠지만, 젊은 직원들의 미래를 고민하는 것 또한 경영자의 책무다.

마케팅은 경영의 근간

마케팅이란 '광고 판촉'을 뜻하는 것이 아니다. 마케팅은 경영의 근간이다. 빅데이터 활용은 오히려 광고 판촉 이외의 영역에서 시작되는 경우도 많다. 개발, 생산, 물류, 노무 등등, 사업의 모든 영역에 데이터를 토대로 한 마케팅이 침투할 것이다.

광고·마케팅 분야에 관련된 인재라면 필연적으로 빅데이터와 데이터 마케팅의 거대한 물결과 연관되지 않을 수 없으며, 방심하다가는 광고대행사 이외의 경쟁자에게 일을 빼앗길 가능성도 있다.

광고대행사는 먼저 자사 사업 영역을 재확인하고 새롭게 설정해야 한다. 종합 능력과 자본력이 없는 광고대행사는 특화해야 할 영역과 철수해야 할 노선을 늦어도 올해 안에는 전략적으로 수립하여 실행에 옮겨야 한다. 이미 아슬아슬한 지점에 와 있는지도 모른다. 시간은 기다려 주지 않는다.

광고맨의 80%는 필요 없다

운용형 광고시장이 확대되어도 '광고 섹션 수주'는 사라지지 않는다. 그래도 광고맨의 80%는 필요없는 인재가 될 것이다. 아마 2010년대가 지나기 전에 판가름이 나리라 본다.

광고주 앞에서 날씨나 주가 이야기밖에 할 수 없는 간부

광고주와 날씨나 주가 이야기밖에 못 하는 영업·경영 간부의 대부분은 자취를 감추게 된다. 생각이 있는 광고주라면 "그 사람들은 데려오지 마시오."라고 미리 언질을 주었을 것이다.

아직은 디지털 관련 지식에 어두운 영업 간부가 대부분이리라. 디지털을 논하지 않고서 광고·마케팅을 통합적으로 설명할 수 없는 시대가 도래했다.

10년 전만 해도 풍부한 경험을 바탕으로 컨설턴트 입장에서 광고·

마케팅 활동을 포괄적으로 논할 수 있는 인재가 광고대행사의 간부였으나, 이제는 옛 경험이 오히려 불리하게 작용하는 시대가 되었다.

자신의 지식과 판단 범위에서 벗어난 주제는 피하는 것이 사람의 본성이다. 디지털, 소셜, 트리플 미디어와 같은 개념이 낯설기만 한 광고대행사 간부는 결국 비즈니스 상담은커녕, 날씨나 주가 이야기밖에 할 수 없게 된다. 방문하더라도 전혀 달갑지 않은 존재인 것이다. 이러한 인재들은 몇 년 안에 사라질 것이다. 기업 홍보부, 마케팅부에 디지털 분야 지식을 지닌 인재가 실무책임자 위치에 서면 설수록, 그들과 소통하기 어려워지게 된다.

'미디어 정보통'이 전부인 미디어 담당

기존 미디어 담당자의 대부분은 사라지게 될 것이다. 판매자가 '광고 섹션' 정보를 지닌 것 자체로 우위를 점하던 시대가 거의 끝났기 때문이다. 미디어는 유저 데이터로 평가받게 되므로, 광고주와 함께 구매자 논리로 미디어를 평가할 수 있는 미디어 담당자만이 살아남을 수 없다.

지금까지의 광고 섹션은 모두 판매자 입장에서 만든 메뉴이며, 이를 광고주가 선택할 뿐이었다. 하지만 입찰형 광고는 완전히 다르다. 구매자 측 논리로 구입한다. 광고 섹션을 예약하여 사는 것이 아니기 때문에, 도중에 내용이 마음에 들지 않으면 게재를 중지할 수도 있다. 타깃이 아닌 소비자에게는 애초에 광고를 내보낼 필요가 없어진다.

또한, 광고 섹션이라도 그 가치는 유저 데이터의 품질로 평가받는다. 구체적으로는 퍼스트 파티 데이터(First Party Data · 자사 보유 데이터)를 통해 자사 상품에 반응을 보인 유저를 알 수 있으므로, 이를 토대로 분류된 타깃이 얼마만큼 있는지 파악하여 광고의 가치를 결정한다.

어느 쪽이건 판매자의 정보만으로는 성립되지 않는다. 광고주 측 유저 정보를 바탕으로 타기팅 기법을 신속하게 떠올려야 한다. 현재의 미디어 담당자는 이 같은 훈련을 거의 하지 않고 있다.

문외한 광고주 덕에 통용되었던 수주담당 영업맨

특정 영역의 전문가가 아닌 영업맨은 대부분 사라지게 될 것이다.

다만, '진짜 영업맨'은 살아남는다. 광고는 서비스업이다. 커뮤니케이션 능력이 뛰어나고, 코디네이터로서 사람과 사람을 연결하는 재능이 탁월한 인재는 어느 시대에도 통용된다.

한편, 광고·마케팅 영역과 관련해 기업에 제공해야 하는 서비스 영역이 크게 확대되었다. 대부분의 광고대행사는 넓은 범위를 포괄하기 위해 원스톱형 영업을 고객과의 인터페이스로 구축하여, 전문 인력으로 연결하는 방식을 취해 왔다. 그러나 영역 확대와 동시에 전문성까지 높이기에는, 애초에 전문 지식이 없는 인재가 고객 인터페이스를 구축하는 것 자체가 무리다.

또한, 이전에는 광고주 측의 지식이 부족했으므로 어떻게든 대응할 수 있었지만, 광고주 담당자가 전문화되면서 이제 그러한 상황도 사라졌다. 특히, 집행 결과를 관리 화면으로 확인 가능한 디지털 영역에서, 광고 영업의 인재가 광고주 앞에서 바로 답을 내놓지 못하는 것은 있을 수 없다. 즉 광고주 불만의 원천이기도 했던 "담당자에게 확인해 보겠습니다."라는 식의 대응이 통하는 시대는 지난 것이다.

어느 업계에서든 영업 기능은 재검토되고 있다. 일반적으로 판매형에서 고객 문제 해결형으로 바뀌고 있다고들 하지만, 현재의 광고업계만큼 광범위하면서도 고도의 노하우가 요구되는 업계도 없을 것이다. 이를 원스톱 형태로 종합적인 대처를 하는 것이 옳을까, 각각의 전문가가 광고주 개개인과 상의하며 진행하는 것이 옳을까. 영업 기능 재편 및 기술 측면의 재검토와 함께 가장 중요한 과제 중 하나다.

15초, 30초 광고밖에 못 만드는 CF 전문가

기존 광고 포맷으로 광고 크리에이티브를 내놓는 것밖에 할 수 없는 CF 전문 크리에이터들의 대부분이 사라지게 된다.

CF 전문 크리에이터는 제작 프로덕션에 소속되어 있으면 족하다. 광고대행사의 크리에이터는 핵심 아이디어를 광고 크리에이티브는 물론 정보 가공 및 맞춤형 콘텐츠, 그리고 서비스 개발에 이르기까지 전개하는 능력이 필요하다.

광고주 역시 15초, 30초 CF를 기획하는 아이디어 수준에서 기획을 선택하는 것이 아닌, 커뮤니케이션 플래닝(Communication Planning)을 설계할 수 있는 크리에이터를 파트너로 삼아야 한다.

페이드 미디어(Paid), 온드 미디어(Owned), 언드 미디어(Earned)와 같은 트리플 미디어를 연계하는 전개력과, 영상 및 출판물은 물론 고객 서비스 개발이 가능한 파트너를 선택할 필요가 있다. 이를 위해서는 기술 주도의 접근법으로 크리에이티브를 발상할 수 있는 인재 등, 기존 광고업계 관련 인력 이외에도 눈을 돌려야 한다.

스스로 데이터 분석을 할 수 없는 플래너

광고대행사에는 마케팅 플래너나 전략 플래너와 같은 인재가 존재하며, 이들이 활동하던 시절도 있었다. 그러나 당연하게도 이들은 현재 광고주 측 일류 마케터에 미치지 못하고, 뛰어난 크리에이터들 역시 필요로 하지 않는다.

정성 · 정량조사 등을 통해 고객 인사이트를 발견하고 커뮤니케이션 콘셉트를 키워드화 하는 것이 주된 역할인데, 그 가설은 플래너 자신의 능력에 따라 우열이 가려지게 된다.

하지만 데이터 마케팅 시대에 광고대행사의 마케팅 플래너, 전략 플래너는 어떻게 대처해야 할까. 예를 들어 기업의 프라이빗 데이터 관리 시스템을 활용한 데이터 분석을 책임질 의지가 있을까?

데이터 관리 시스템으로 추출 가능한 고객 여정(Customer Journey · 고객 행동 과정) 데이터를 고객 판단에 활용하여, 상품 개발 및 커뮤니케이션 설계로 연계하려면 플래너 자신이 데이터 분석을 시행할 필요가 있다.

앞으로는 데이터 마케팅에 어떻게 대응할 것인지가 중요한 과제가 된다. 현재와 같은 상태에 머무른다면 살아남기 어렵다. 특히 신입 플래너는 선배들이 확립한 실적이나 기술에 대해 의견을 내놓기가 망설여지더라도 스스로 변하기 위해 노력해야 한다.

다른 업계를 둘러봐도 현재로선 광고 캠페인 실시 능력에서 광고대행사보다 나은 업계는 없을 것이다. 적임자가 딱히 없는 만큼, 업계가 없어지지는 않는다. 다만, 문제는 그 부가가치를 어떻게 키워 나가느냐다.

앞으로 광고대행사는 고급 컨설팅 능력과 이를 반영한 광고 영업 지원을 빈틈없이 수행하지 않으면, 특정 포지션을 유지하기가 힘들어진다. 광고 영업은 그저 노동 대행에 불과하므로, 고급 컨설팅 기술 없이는 부가가치 저하에 이른다는 결론이 나온다. 현재와 같은 시대에 이도 저도 아닌 어중간한 플래너는 소용이 없다.

고급 컨설팅이 가능한 노하우와 기술은 개인에게 귀속된다. 광고대행사로서의 종합력을 발휘할 수 있는 것은 기존 비즈니스 모델일 경우뿐이다. 그러한 영역 자체가 없어지지는 않겠지만, 설령 기회를 얻더라도 부가가치 향상으로 이어지지 않는다. 디지털 마케팅 영역에서는 가령 사원 2,000명이 힘을 합해 노력한들 단 1명의 천재를 이길 수 없다.

광고대행사 업무의 재정의

광고·마케팅 영역에는 기본적으로 3가지 업무가 있다.

첫 번째는 컨설팅이다. 구체적으로는 광고주 측에서 막연하게 생각하는 방향을 정립하고, 과제가 명확하게 정의되지 않은 부분을 제시하는 일이다.

두 번째는 광고주가 과제 파악은 하고 있으나 해결할 구체적 수단을 알지 못해 외부에 의뢰하는 일이다. 이러한 업무의 전형적인 예는 크리에이티브 영역의 일로서 보통 예산이 미리 제시된 상태에서 진행된다.

마지막으로 세 번째는 광고주가 과제와 구체적 해결 수단을 모두 숙지하고 있지만, 스스로 실행하기가 번거로워 외부에 의뢰하는 경우의 일이다. 당연히 세 번째 업무가 가격 경쟁을 치러야 하며 부가가치도 가장 낮다.

광고대행사에게 최대의 위기란, 세 번째 업무만 남아 도저히 현 급여 수준을 유지할 수 없게 되어 저부가가치 기업으로 전락하는 것이다. 광고대행사, 특히 사내에 고급 컨설팅 기술을 보유한 인재가 없는 광고대행사는 다음과 같은 상황에 직면하여 자사 부가가치가 추락하게 된다.

- 마케팅 분야의 핵심이 유저 데이터로 대체된다.
- 데이터 거래 영역에서 현재의 광고대행사 업태는 도움이 되지 않는다.
- 이 같은 상황에 대해 경영자의 이해가 부족한 탓에 해결을 미뤄 제대로 대처하지 못한다.
- 다양한 광고 집행 관리 시스템의 등장에 대응하지 못하여 실행 가능한 영역의 일에 대한 발주도 없어진다.

어떤가? 다소 냉정하게 언급한 측면도 있지만, 인재가 사라지는 단계로 거슬러 올라가 개선책을 세운다면 고부가가치 서비스 제공자로서 살아남을 길은 충분히 존재한다. 물론, 그래도 현재의 인력 가운데 80%가 바뀌는 커다란 변혁이 필요하다는 사실에는 변함이 없다.

디지털 문외한의 경영 판단은 회사의 종말을 의미한다

유감스럽게도, 지금의 일본 광고대행사 경영진 중 대부분은 디지털 마케팅 및 마케팅 영역에 대한 기술 활용법을 제대로 이해하지 못한다. 현 경영자들의 연령을 보면, 현장에서의 경험은 기존 광고 비즈니스 시절 성공했던 이력뿐이므로 '겪어보지 않아 모르는데 잘 안다고 믿는' 위험한 세대라 할 수 있다. 디지털 마케팅도 이미 15년 이상의 역사가 있다. 생초보가 공부를 시작해서 경쟁자를 따라잡을 수 있는 시기는 이미 7~8년 전에 끝났다.

또한, 소프트뱅크의 손정의 사장을 비롯해 디지털의 본질을 이해할 수 있는 세대의 선두주자는 지금 50대 중반을 조금 넘긴 정도다. 이보다 윗세대가 진정한 의미에서 디지털을 이해하는 경우는 거의 보기 드물다. 그 이유 중 하나는 일본 광고대행사의 경영자들이 모두 문과 출신이기 때문이다.

스타 경영자가 필요하다

세계 3위 광고대행사 퍼블리시스의 경영자인 모리스 레비는 72세이지만, 동사의 IT 시스템 담당자를 거쳐 경영자 직위에 올랐다. 일본의 경우 제조업체에는 이공계 출신 경영자가 있지만, 광고대행사에서는 찾아보기 어렵다.

본래 많은 일본 기업들은 순환 보직(job rotation)을 되풀이하며 성장한다. 광고대행사는 영업으로 높은 성과를 올려 경영자 자리에 오르는 경우가 많다. 하지만 위대한 영업맨이 되는 것이 경영자의 필수 조건이라고는 말할 수 없다. 사장의 자질은 다른 부분에 있다. 정해진 순서대로 경영자에 취임하는 구태를 답습해서는, 시대가 요구하는 변혁을 수행할 리더를 낳을 수 없다.

구미의 광고대행사 사명에는 거의 창업자의 이름이 붙어 있다. 창업자이자 위대한 비즈니스 크리에이터이기도 한 인물이 있은 다음, 그 경험과 지식, 기술을 발전시켜 기업으로서 성장을 이룬다.

디지털이 마케팅의 중심이 된 현재는, 일본에서도 광고대행사에 새로운 창업이 요구되고 있다. 그리고 창업에는 스타 창업자가 필요하다. 한 명의 뛰어난 능력 없이 재창업은 어렵다. 새로운 능력은 우선

개인에 의해 만들어지고, 그 다음 조직화되는 것이다.

차세대형 광고대행사는 스타 경영자가 회사 전체를 이끌어나가야 한다. 즉 차세대형 광고대행사의 경영자란, 그 회사의 최고 컨설턴트이자 최고의 영업맨, 최고의 발표자여야 한다.

스타 경영자가 될 만한 인재가 없는 회사는 외부에서 초빙하면 된다. 일본에서도 대기업이 최고경영자를 외부에서 영입하는 사례가 늘고 있다. 스타 경영자를 초빙하지 못한다면 그것은 주주의 실수다. 새로운 시대는 역시 한 명의 리더가 만든다.

차세대형 광고대행사의 리더에 필요한 자질

그렇다면 차세대형 광고대행사의 리더에게 필요한 자질을 열거해 보자.

① 마케팅과 커뮤니케이션의 본질을 말할 수 있다.
② 디지털을 포함해 디지털에서 얻을 수 있는 '느낌'을 마케팅 전략에 반영하는 구상력을 표현할 수 있다.
③ 기존 제작 과정을 디지털 마케팅/데이터 마케팅으로 어떻게 개혁하고 발전시킬 수 있는지 설명할 수 있다.
④ 차세대형 광고대행사에 필요한 새로운 능력, 또는 그 육성 방법에 대해 논할 수 있다.
⑤ 비즈니스 구조를 충분히 이해하고, 마케팅 측면에서 기술적으로 평가할 수 있다.

"세상에 이런 인재가 어디 있느냐."라는 불평이 들려오는 듯하지만, 비즈니스 모델과 제공되는 서비스의 질, 그 기술에 변혁을 가져오는 리더란 위의 기준을 충족해야 한다. 이러한 인식을 모든 광고대행사의 이해관계자가 공유할 필요가 있다.

또한, 다른 무엇보다도 중요한 것은 요구되는 리더상을 설정하고, 사내외의 인재를 찾아내는 등 행동으로 옮겨야 하는 점이다. 지금까지의 연장선에서 경영자 후보를 선정하고 있으면 언제까지나 변하지 않는다. 차세대형으로 탈바꿈할 수 없다는 것은 바로 회사의 종말을 의미한다.

광고주의 판단 기준은 '어디에 의뢰할 것인가'가 아닌 '누구에게 의뢰할 것인가'로 변하고 있다. 지금까지 존재하지 않던 노하우를 필요로 하는 만큼, 이 같은 경향은 앞으로도 지속될 것이다. '누구'가 당신 회사의 경영자가 된다면, 자신에게 가장 든든한 존재가 될 것이다. 사원과 임원, 주주, 그리고 거래처에 이르기까지, 광고대행사의 경영자가 지녀야 할 자질과 식견을 철저하게 요구하지 않으면 안 된다.

매스미디어의 쇠락, 미디어를 떠도는 유저들

광고 비즈니스의 패러다임 전환은 미디어의 변화와 그 맥을 같이한다. 그렇다면 미디어에는 지금 어떤 변화가 일어나고 있는 것일까.

TV 방송이 시작된 이후 2013년 2월부로 60주년을 맞이하였다. 역사적으로 보면 1870년대에 일간 신문이 간행되기 시작하여, 1922년 현재와 같은 형태의 주간지가 등장했으며 1925년 라디오 방송 개시, 1953년 TV 방송이 시작되는 순서를 거쳐 이른바 매스미디어가 보급·발전하였다. 이러한 역사 속에서 최근 매스미디어에 중대한 영향을 끼친 존재는, 말할 것도 없이 인터넷이다.

1995년에 윈도 95가 출시된 이후, 일반 가정에도 급속하게 온라인 환경이 정비되기 시작했다. 개인과 기업이 매스미디어를 경유하지 않고도 정보를 전 세계로 손쉽게 배포할 수 있고, 동시에 누구든 그 정보에 접근할 수 있는 세계가 현실이 되었다. 하쿠호도DY 미디어 파트너즈가 발표한 '미디어 정점조사(도쿄지구)'에서 '1일 미디어 접촉 시간 추이'를 살펴보면, 다른 미디어가 감소 추세에 있는 가운데 '인터넷과의 접촉' 항목은 빠른 속도로 늘고 있다(표 1).

표 1. 1일 미디어 접촉 시간 · 시계열 변화

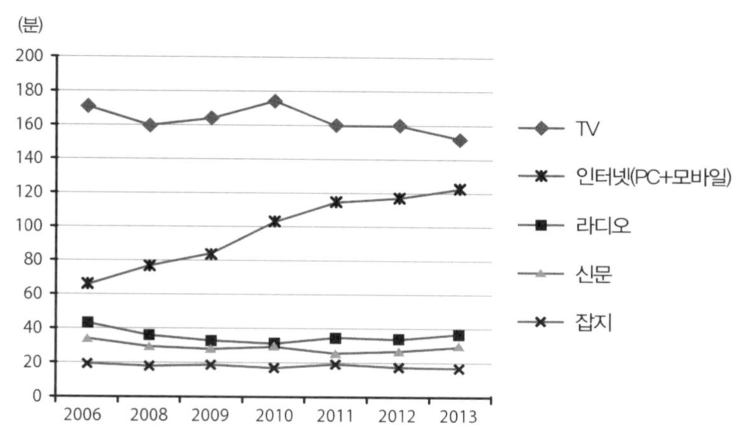

하쿠호도DY 미디어 파트너즈 미디어 환경연구소 '미디어 정점조사'(도쿄)
2006~2013년 조사 결과에 따라 작성

연령 및 미디어별 분석을 봐도, 전체적으로 신문이나 TV의 비율이 모든 연령대에서 감소하는 경향인 것을 알 수 있다. 주목할 만한 부분은 보다 고연령층 대상의 미디어로 변하고 있다는 사실이다. 2010년과 2013년을 비교해 보면 청년층의 접촉 시간이 크게 줄어들었다(표 2).

표 2. 연령별 미디어 접촉 시간 비율의 연도별 비교

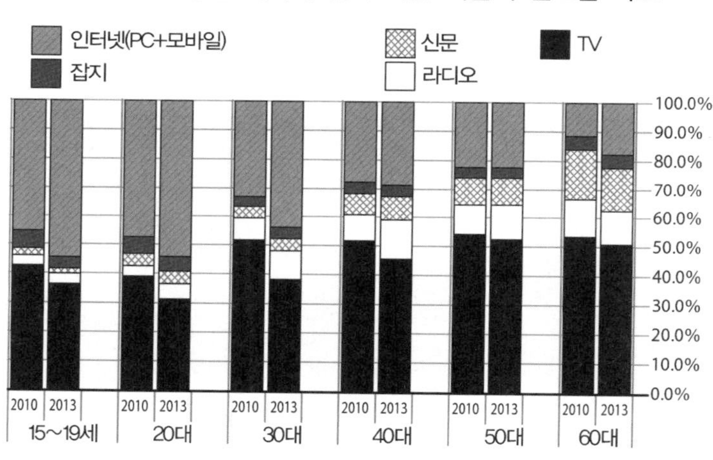

하쿠호도DY 미디어 파트너즈 미디어 환경연구소 '미디어 정점조사'

흔히 말하는 청년층의 신문·TV 기피 현상이 심화되고 있는 것이다. 인터넷의 등장으로 정보량은 방대해졌지만, 개인이 입수 가능한 정보량은 한정된다. 그 영향에 따라 신문과 TV가 선택될 가능성은 상대적으로 낮아지고 있다. 유튜브나 훌루(Hulu) 등 온라인 동영상 사이트는 TV를 대체하는 서비스이며, 잘 알려진 대로 신문은 뉴스 웹 사이트와 포털 사이트에 그 역할을 빼앗겼다.

인구 동태와 매스미디어의 고령화

실제 매스미디어는 인구 동태보다 빠른 속도로 고령화되고 있다. 조사 업체의 자료에 따르면, 가령 TV는 1998년부터 2010년까지 12년간 세대 시청률이 10%도 떨어지지 않았지만, 개인 시청률은 20~34세 남성(M1)에서 30% 가까이, 20~34세 여성(F1)에서 20% 가까이 떨어졌다. 50세 이상에서는 미미하게 증가한 정도이므로 시청자의 고령화가 진전되고 있다고 볼 수 있다.

또한, 이는 어디까지나 '비율'이므로 도달 인원의 절대 수로 비교하면 상기 12년간 M1층의 인구는 거의 80%로, 요컨대 원래의 모수가 감소한다. 도달 인원수는 1998년을 100으로 하면, 2010년에는 약 57까지 떨어졌다. 반대로 50세 이상 남성(M3), 여성(F3)은 100에서 130까지 증가했다. TV를 켜면 '글루코사민'이나 '콘드로이틴' 광고가 끝없이 방송될 수밖에 없는 이유다.

또 신문도 젊은 세대의 열독률 저하가 심각하다. 10~20대는 1998년을 100으로 하면 2010년에는 각각 10대 남성 32.1, 10대 여성 34.4, 20대 남성 37.2, 20대 여성 39.4였다. 이 수치는 열독률을 나타내며 인구를 감안한 것은 아니다.

TV는 세대별 시청 전체로 보면 사실 현저하게 떨어지지는 않았다. 최근에는 시청률이 높은 히트 드라마가 드물기 때문에, 이러한 측면에서 매스미디어 가운데 TV가 홀로 승자 자리를 차지하고, 예전과 같은 TV · 신문의 '2강 체제'는 이미 사라졌다고 볼 수 있다. 신문은 비즈니스맨이나 비교적 고령층 대상 미디어가 되었다고 할 수 있을 것이다.

TV는 구매력을 갖춘 젊은 시청자의 평일 골든타임(19~22시) 재택률이 낮아, TV 광고 위주로 전략을 펼쳐온 광고주들을 고민에 빠지게 한다. 실제로 필자 주위의, 업무에 바쁜 광고대행사 직원들도 TV를 볼 시간이 거의 없다. 또 필요한 정보를 스스로 구할 수 있으므로 아예 TV를 사지 않는 사람도 흔해졌다. TV가 한 가정당 한 대는 있어야 이상적이라고 보았던 인식이 청년층을 중심으로 희박해지고 있다면, TV의 미디어로서의 영향력은 더욱 떨어지게 될 것이다.

멀티스크린 유저의 급격한 감소

물론, 스마트폰과 태블릿 단말기의 등장도 유저의 미디어 접촉에 큰 변화를 가져왔다. 2008년 아이폰, 안드로이드 단말기의 등장으로 유저는 피처폰 대신 신종 기기로 갈아타거나 2대를 보유함으로써 보급률을 높였다.

수동성을 띠는 전화와 메일이 핵심 기능인 점, 초고속 대용량 통신이 가능하여 다양한 어플리케이션과 브라우저를 경유해 정보를 능동적으로 입수할 수 있는 점 때문에, 휴대 가능한 고성능 미디어로서 여타 미디어와 확연한 차이를 보인다.

스마트폰보다 액정이 큰 태블릿 단말기도 영상이나 글자를 보는 데 적합해 보급률이 상승하고 있어, 유저의 정보 접근을 위한 디바이스가 차차 다양화되고 있다. 접촉 시간을 두고 4대 매스미디어와 경쟁하기 위한 서비스가 유저 손바닥 위에 존재하는 상황이 생겨났다. 하지만 스마트폰이나 태블릿 단말기의 등장이 TV 기피 현상을 부추긴 요인이라 볼 수는 없다.

그 간편함으로 인해 스마트폰과 TV, 스마트폰과 컴퓨터, 태블릿과 TV 등, 동시에 복수의 미디어(디바이스)를 시청하는 멀티스크린 유저가 등장했다. 광고주를 비롯하여 다양한 기업에서 이러한 멀티스크린화를 주목하고 있으며, 시장조사 기관 닐슨과 구글 등 복수의 기업이 멀티스크린 이용 동향을 조사 중이다[1].

구글의 2013년 발표에 따르면, 복수의 디바이스를 보유한 유저의 약 60%가 동시 이용을 경험하였고, TV 시청자이면서 컴퓨터 이용자인 사람은 약 25~45%, 스마트폰 이용자는 약 45%였다.

구글 측 자료를 보면 이용 목적은 컴퓨터가 '정보수집'과 '업무', 스마트폰이 '정보수집', '커뮤니케이션', '시간 때우기'로, 둘 다 정보수집이 중시되었으나, 잠재적인 디바이스 이용 목적의 차이가 눈에 띄었다.

웹 사이트 열람과 검색 등 정보수집의 출발점은 스마트폰인 경우가 많았고, 이에 더해 컴퓨터나 태블릿 이용으로 이어지는 유저 행동도 확인되었다. 또한, 53%의 유저가 TV나 잡지 등에서 오프라인 광고를 본 후 스마트폰으로 정보 검색한 경험이 있다고 응답하여, 각 디바이스가 다른 디바이스나 미디어로부터 유저를 완전히 독차지하는 것이 아닌, 동시 사용 또는 용도에 맞게 순서대로 사용되는 경향이 있음을 알 수 있다.

TV를 기점으로 하지 않는 기획이 필요하다

요컨대 스마트폰이나 컴퓨터의 보급은 4대 매스미디어의 붕괴를 촉진하는 것이 아닌, 유저 행동에 맞춘 미디어 전략을 모색함으로써 재성장과 보완을 가능케 하는 기술로 작용하는 셈이다.

---

1) 닐슨〈Nielsen Digital Consumer Database 2013〉(2013년 11월 12일) http://www.netratings.co.jp/news_release/2013/11/Newsrelease20131112.html Google〈The Multiscreen World〉http://multiscreen.withgoogle.com/jp

하지만 유저 행동을 무시한 아이디어나 기획의 실행은 오히려 건전한 미디어, 디바이스 이용에 제동을 걸 위험이 있다. TV의 경우 각 방송사가 스마트폰 또는 컴퓨터와 연관시킨 기획을 선보이고 있다. 방송 프로그램 시청 후 스마트폰을 사용하게 되는, TV를 기점으로 한 기획이 눈에 띄게 늘어났다. 이는 TV의 근본적인 필요성을 재정의한 기획이 아니면 의미가 없다.

수동적 디바이스인 스마트폰의 전원을 온종일 켜둔 채 수시로 정보와 접촉하는 유저가 많으므로, 스마트폰을 기점으로 TV나 기타 미디어로 유도하는 방안을 모색할 필요가 있다. 이러한 점에서 실시간 커뮤니케이션 툴인 트위터나 페이스북, 라인 등의 활용이 중요해진다.

또한, 콘텐츠를 보유한 방송국 각사는 이를 온라인으로 시청할 수 있도록 자체 서비스 또는 콘텐츠 배포 등의 방식으로 VOD(비디오 온 디맨드) 서비스를 활용하고 있다. 저스트 시스템이 2013년 10월에 실시한 'VOD 서비스에 관한 조사'에 따르면, 온 디맨드 서비스에서도 유저별로 이용 동향에 차이가 나타났다[2].

남성은 노트북이나 데스크톱 컴퓨터를, 여성은 스마트폰 이용률이 높은 경향을 보였다. 또한, 현재는 각 방송국이 보유한 서비스가 아닌 콘텐츠 배포를 하는 '아이튠즈 스토어'나 갸오(GYAO)의 이용률이 높게 나타나고 있다. 미디어와 디바이스 각각의 특성과 유저 행동을 의식하여 활용하지 못하면 경쟁에서나 신규 업체에 뒤처질 수밖에 없다.

미디어를 둘러싼 기술은 급속도로 발전하고 있다. 새로운 기술의 등장에 현혹되어 극단적인 의견이 난무하는 상황에서, 이를 이용하는 광고주와 광고대행사, 미디어 각사는 저마다의 역사 속에 축적해 온

---

2) 저스트시스템〈VOD(비디오 온 디맨드) 서비스에 관한 조사〉(2013년 10월 30일) http://www.fast-ask.com/report/

노하우 및 역량, 콘텐츠, 크리에이티브를 새롭게 직시하고 유저의 눈높이에서 합리적으로 기술을 다뤄 최대한의 커뮤니케이션을 창출할 필요가 있다.

A부터 시작되는 모델은 광고대행사의 덫

광고, 마케팅 분야 종사자라면 한 번쯤은 들어본 적이 있을 AIDMA(아이드마), AISAS(아이사스). 이론적으로는 타당하지만, 과연 언제나 'A', 즉 '인지(Attention)'로만 시작되는 것일까?

이전에는 대형 신제품의 캠페인은 우선 대량의 인지를 획득할 필요가 있다는 전제하에 인지를 시작으로 구매 의사 결정 과정을 설계했다. 그러나 이제는 B2C 상품 마케팅을 반드시 소비자 인지 획득에서 출발해야 할 필요가 없어졌다.

구매 의사 결정 과정 중 어디에 투자해야 가장 잘 팔릴까? 이를 과제 삼아 계획안을 마련하고 실행하는 것이 바로 마케팅의 역할이다. 그 상품의 라이프 사이클, 구매 사이클, 유통 환경에 따라서는, 먼저 소비자 인지도를 높인 다음 구입 의향 고객을 늘리는 등의 시도가 부적절한 전술일 경우도 많다.

기존 고객 유지 및 확대, 습관적인 구매 촉진, 소비자 입소문에 의한 새로운 소비층 획득 등, 구입 단계에서 시작되는 결정 과정 설계가 유효한 경우도 상당히 많다(그림 1). 따라서 먼저 광고로 인지시키는 판에 박힌 기법을 고수하는 광고대행사는 종종 파트너로서 제 역할을 다하지 못한다.

그림 1. 나비넥타이형 구매 의사 결정 과정

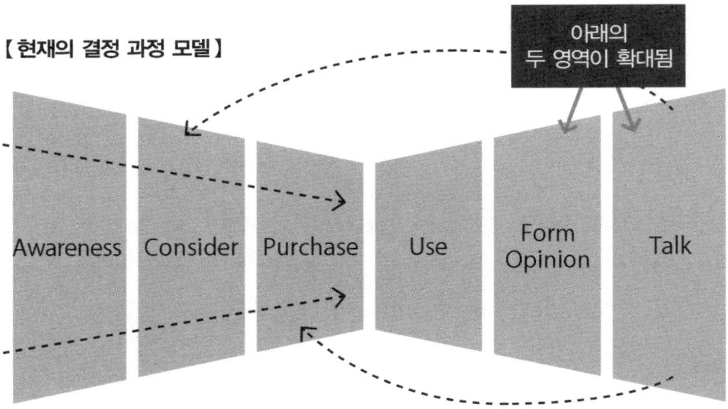

【현재의 결정 과정 모델】

아래의
두 영역이 확대됨

Awareness
Consider
Purchase
Use
Form Opinion
Talk

소셜미디어의 영향력 확대로 블로그나 SNS를 통해 정보를 얻음으로써 인지하는 온라인 유저가 증가 경향에 있다. 이에 따라 기존 미디어를 이용한 의식(awareness) 확대뿐만 아니라, 구매 후 영역도 시책을 마련하는데 주요 변수로 작용할 것으로 보인다.

정곡을 찌르자면, A로 시작되는 구매 의사 결정 과정을 광고대행사가 제창하는 것은 광고주를 상대로 한 술책이었는지도 모른다. 왜냐하면 광고를 사게 해야 광고대행사의 수익으로 이어지기 때문이다.

20여 년 전부터 존재한 본의 매트릭스에서도, 저관여 상품 범주의 이성형 구매 패턴은 BUY→LEARN→FEEL, 정보형 구매 패턴도 BUY→FEEL→LEARN의 과정을 정의한다(그림 2). 즉 광고를 활용한 인지 획득에서 출발하지 않는 마케팅 모델이 필요하며, 전략을 기획 · 실시할 수 있는 광고대행사도 실제로 요구되고 있는 것이다.

그림 2. 본의 매트릭스

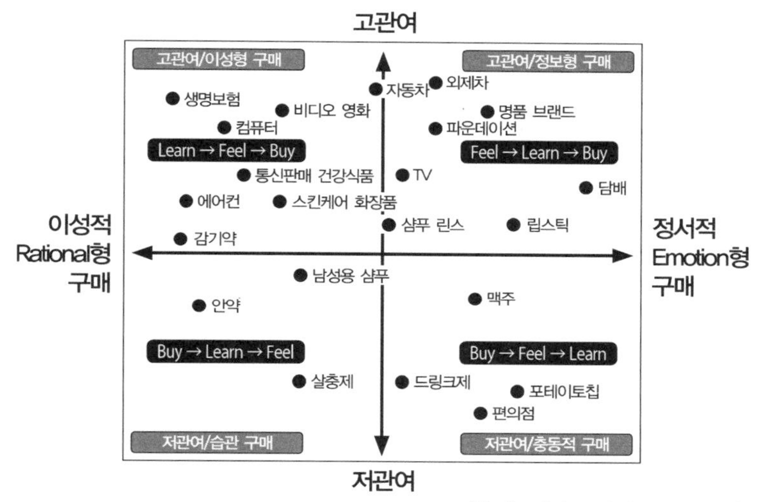

(출처 : 아사츠 디케이 AID-APD)

이를 실행하려면 프로모션, 디지털 · 소셜, PR에 대한 지식을 일원화할 필요가 있으나, 프로모션 영역 이외에는 현재의 광고대행사에게 상대적으로 취약한 분야다. 종합광고대행사가 거대한 조직 내에서 대처하려고 해도 장애물이 많아 신속하게 진행하기 힘든 상황인 만큼, 새로운 역량을 집약시키고 수렴하기 위해서는 비교적 작은 조직으로 일원화하여 육성하는 수밖에 없다.

제2장
데이터를 지배하는 자가 비즈니스를 지배한다

제2장
데이터를 지배하는 자가 비즈니스를 지배한다

데이터 확보 경쟁에서 도태되는 광고대행사

빅 데이터라 불리는 것들 중 마케팅 데이터로 활용 가능한 대부분은 고객 또는 장래 고객의 데이터베이스다.

극단적으로 말하면, 고객이 될 가능성을 지닌 유저를 모두 데이터베이스화하여 개별 커뮤니케이션을 취할 수 있다. 다만, 이는 어디까지나 이론에 불과하며, 실제로는 모든 유저와 일대일 커뮤니케이션을 시도할 필요는 없다. 하지만 상당히 세세한 고객 분류가 가능하고, 기존에 없는 범주로 분류함으로써 더욱 정밀하고 효과적인 마케팅을 효율적으로 실행할 수 있다.

광고, 마케팅 영역은 커뮤니케이션 대상자인 오디언스 데이터의 정비가 시급한 과제다. 하지만 광고대행사가 어떻게 이 오디언스 데이터를 확보해나갈 것인지 심히 의문스럽다.

이른바 유저의 구매 · 행동경험 데이터를 가리키는 오디언스 데이터는 구글과 아마존을 비롯해 수많은 유력 웹 사이트가 보유하고 있다. 또한, 광고주 역시 고객 데이터베이스와 회원 데이터, 웹 사이트 방문자 등의 오디언스 데이터를 확보하고 있다. 이외에도 포인트 카드, 신용카드를 비롯해 외부 데이터 공급 회사도 존재한다.

그렇지만 광고대행사는 오디언스 데이터를 보유할 수 있는 입장이 아니다. 이는 매우 치명적이다.

'중개역'의 의미가 사라지다

원래 광고주와 미디어를 이어주는 것이 바로 광고대행사의 역할이다. 오디언스 데이터를 활용한 마케팅 실시가 요구되는 데이터 마케팅 시대에도, 미디어가 보유한 오디언스 데이터와 광고주가 보유한 오디언스 데이터 간 유통 중개역을 맡을 수도 있을 것이다. 다만, 문제는 중개의 '의미'와 '가치'가 있느냐다.

데이터 유통 또는 교환(exchange)에 어떠한 형태로든 관여한다면, 자신만의 오디언스 데이터를 보유해야 한다. 독자적인 데이터를 지니고 광고주 또는 미디어가 지닌 데이터와 결합하여 가치 있는 데이터로 만들 수 없다면 관여하는 의미가 없다.

'분석력'을 기업에 제안하는 것은, 독창적인 오디언스 데이터를 보유하지 않은 상황에서는 거의 불가능한 일이다. 아무런 근거 없는 가치를 제공할 방법은 없다. 그렇다면 비슷한 상황에 처해 있을 미국과 유럽의 광고대행사는 어떻게 대처하고 있을까?

광고 집행 결과 데이터부터 확보하자

그림 1은 데이터 관리 시스템(DMP) 상에서 활용이 기대되는 4종류의 데이터군이다. 이 중에서 광고대행사가 보유하거나 활용할 수 있을 것으로 보이는 데이터는 '광고 집행 결과 데이터'다.

그림 1. 데이터 관리 시스템을 구성하는 4종류의 데이터군

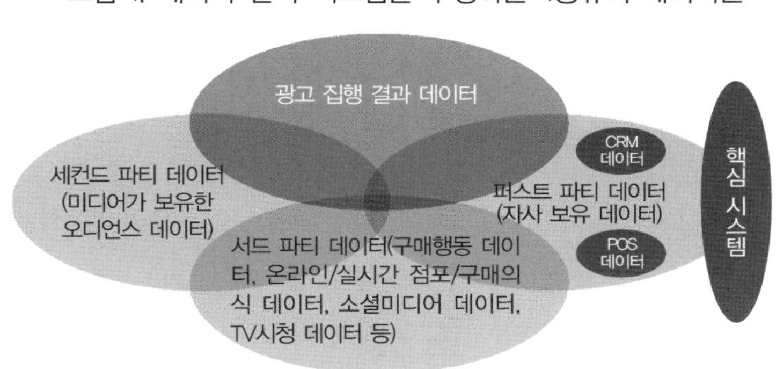

광고대행사가 현재 확보할 수 있는 영역은 '광고 집행 결과 데이터'뿐이다.

왜 미국과 유럽의 대형 광고대행사가 광고주나 오디언스 데이터의 실시간 매매 및 운용을 본업으로 하는 트레이딩 데스크 회사를 지주회사 산하에 두고 광고 집행 사업을 전개하는 것일까. 그것도 맞춤형 디지털 매체 구매 시스템(DSP) 또는 실시간 경매 방식(RTB) 등 광고 집행 기술이 보급되자마자 이와 같은 움직임을 보이고 있다. 트레이딩 요금을 벌어들임으로써 비즈니스가 성립한다는 사실은 당연하나, 그것이 다가 아니다. 방대한 양의 광고를 집행하고 운용하여 광고 효과가 높은 오디언스 데이터 및 게재면 등의 데이터를 입수할 수 있기

때문이다. 그리고 광고 집행 결과를 피드백하는 이른바 '결과 학습(Result Learning)'이 가능한 환경을 만드는데 가치가 있는 것이다.

대형 광고주라면, 프라이빗 맞춤형 디지털 매체 구매 시스템을 사용하여 광고 집행 및 운용을 하고, 프라이빗 데이터 관리 시스템에 결과 학습 데이터를 피드백하게 된다. 한편 자체적으로 대량의 데이터를 확보할 수 없는 중소 광고주들은 자사 데이터만으로 성과를 얻지 못할 가능성이 있다. 이 경우 비록 내부 정보이긴 하지만, 광고대행사가 보유한 대형 광고주의 광고 집행 결과 데이터를 활용함으로써 최적화를 기대할 수 있다.

즉 광고 집행·운용사를 산하에 둔 광고대행사들은 광고를 내보냄으로써 얻을 수 있는 '광고 집행 결과 데이터의 확보'가 목적으로, 구미의 광고대행사가 치열한 경쟁을 벌이는 이유인 것이다. 데이터 확보를 위한 주도권 다툼은 이미 수년 전부터 시작되었다. 그러나 일본의 광고대행사들은 이 같은 동향을 전혀 파악하지 못하고 있으며, 상황을 이해하는 경영 간부도 드물다.

기업 보유 데이터와 미디어 보유 데이터 간 융합이 먼저다

한편, 4종류의 데이터군 가운데, 일본에는 구매행동 데이터 등을 가리키는 이른바 서드 파티 데이터가 미국만큼 많지 않다. 블루카이(Bluekai)나 로타미(Lotame)와 같은 서드 파티 데이터 공급회사가 거의 존재하지 않아 서비스를 충분하게 제공하지 못하기 때문이다. 따라서 광고 집행 결과 데이터를 축적하여 이를 최적으로 활용하는 방안도, 일부 맞춤형 디지털 매체 구매 시스템 제공사가 내부적으로 운영하고 있을 뿐이다.

이러한 사정 때문에 기업이 자체 보유한 퍼스트 파티 데이터와 미디어가 보유한 오디언스 데이터, 이른바 세컨드 파티 데이터의 교환 및 결합이 선행되는 것이다.

현재와 같은 흐름이 이어지면 미디어 측은 방대한 광고 예산을 지닌 대형 광고주와의 교환을 우선하고, 그 광고주를 대상으로 한 효과적인 광고 소재를 개발해야 하는 시도가 요구될 것이다. 이때, 데이터 분석을 우선적으로 실시하여 오디언스 데이터를 효율적으로 클러스터화(동일한 취미 및 기호를 지닌 집단으로 분류하는 것)할 수 있는지 시험해 봐야 한다. 광고대행사가 그 작업을 대행할 수도 있겠지만, 오디언스 데이터를 보유하지 않은 광고대행사가 어느 정도의 존재 의의를 보일 수 있을지는 의문이다.

광고 집행 결과 데이터로는 부족한 미래

기업이 자체 보유한 데이터 분석은 프라이빗 맞춤형 디지털 매체 구매 시스템을 구축하여 자사가 분석 및 운용을 하게 된다. 마케팅의 근간이라 할 수 있는 이 같은 작업을 광고대행사에 의뢰할 수만은 없다. 만약 이러한 노력이 불가능하다면, 광고주이면서도 마케터가 존재하지 않는 상황이라 볼 수밖에 없다.

광고대행사가 해당 작업을 지원하려면, 기업의 퍼스트 파티 데이터와 통합하여 분석할 가치가 있는 서드 파티 데이터를 보유해야 한다. 광고대행사가 광고주의 마케팅을 지원하고자 한다면, '광고 집행 결과 데이터'만으로는 머지 않아 한계에 부딪히게 된다.

그렇다면 유용한 서드 파티 데이터란 어떤 것일까. 매스미디어 광고, 특히 TV 광고에 거액의 예산을 사용하는 광고주에게는 미디어가 보유한 오디언스 데이터 이외에 다음과 같은 서드 파티 데이터가 필요할 것이다.

- 구매 행동 데이터(온라인/오프라인 매장)/구매 의식 데이터
- 소셜미디어 데이터
- TV 시청을 중심으로 한 미디어 접촉 데이터

구매 행동 데이터, 구매 의식 데이터를 독자적으로 확보하여 광고주에게 제공할 수 있다면 높은 우위를 점할 수 있다. 하지만 광고대행사가 그러한 데이터를 독자적으로 보유하기란 힘들다. 조사 업체가 갖고 있을 법한 수천 명 단위 패널로 구성된 구매 행동 데이터라면 보유가 가능할지도 모른다. 그러나 지금은 빅데이터, 즉 전수(全數) 데이터의 시대다. 아마존이나 T포인트 카드[1]와 같은 데이터 수집 장치를 지닐 수 있느냐가 관건이다.

목표는 소셜미디어 데이터와 TV 시청 관련 데이터

한편, 소셜미디어 데이터나 TV 시청 관련 데이터 확보는 상당히 중요한 영역을 차지한다. 여기서 말하는 소셜미디어 데이터란 기존에 통용되던 소셜리스닝 데이터를 말하는 것이 아니라 각각의 소셜어카운트, 즉 유저 개개인을 분석할 수 있는 데이터를 의미한다. 물론 익명성이 담보되어야 하지만, 소셜미디어의 등록정보 또는 상품에 관한 코멘트 데이터를 오디언스 데이터와 결합함으로써 높은 부가가치를 지닌 결과물을 창출할 가능성도 있다. 기업 웹사이트 회원등록 메뉴

1) T포인트 카드 : 다양한 가맹점에서 포인트 적립이 가능한 일본의 적립카드

에 소셜로그인을 사용하고, 유저의 소셜미디어 등록 데이터를 활용한 개별 추천 서비스 시스템을 만들 수 있다면, 유저 편의성을 제고할 수 있을 것이다.

TV 시청 관련 데이터는 TV 광고에 거액의 예산을 할애하는 광고주는 물론, TV 방송국 또한 몹시 탐내는 정보다. 그 이유는 오디언스 데이터를 이용하면 방송 프로그램의 마케팅이 가능하기 때문이다.

이 같은 영역에서라면 대형 광고대행사에게 매우 유리하다. 사실 거기까지 다른 경쟁자에게 자리를 내줘서야 안 될 말이다. 광고대행사의 현주소로 보면 해당 영역, 즉 소비자의 미디어 접촉 데이터를 기반으로 오디언스 데이터 플래닝이 가능하다는 점은 매우 큰 우위성이라 할 수 있다.

마케팅의 '핵심'은 오디언스 데이터

TV 시청률은 실질적으로 통화와 같다. 시청률을 모두 더해 산출하는 매우 기이한 수치인 GRP(총시청률·Gross Rating Point)를 통해, TV 방송국이 규정한 시간 범위에 광고가 방송되는 소위 스폿광고가 거래된다. 퍼센트로 비용을 산정하는 셈이다.

그런데 이렇게 시청률이라는 '비율'을 기준으로 하는 모델에는 맹점이 있다. 가령 GRP 획득을 지표로 삼는 광고주가 많을 텐데, 20~34세 남녀(M1, F1) 등의 청년층은 인구가 계속 줄고 있는 것이 현실이다. 즉 모수(母數)가 감소하고 있으므로 아무리 비율이 동일해도 예전보다 도달 인원수는 줄어들게 된다. 그럼에도 비용은 변함이 없다. 오히려 모수가 적어진 만큼 실질 타깃 도달 비용은 오르고 있다.

물론 TV 방송국은 세대 GRP로 광고 섹션을 팔고 있으므로 사기는 아니다. 그러나 처음부터 연령 · 성별만으로 뭉뚱그려 타깃으로 삼는 것은 요즘 시대와 맞지 않으며, 도달량을 측정해 파는 것 역시 한계가 있다. GRP가 스폿광고 구입 시의 '단위'인 점은 변하지 않겠지만, 마케팅 데이터로서는 큰 의미를 지니지 못하게 될 가능성이 있다. 앞으로는 TV 시청 상황을 포함한 오디언스 데이터가 유통될 것이기 때문이다.

어느 프로그램에 '투자'하느냐를 정하는 판단 근거

시청률이라는 지표에 대해 '시청 품질을 문제 삼는' 논의가 지금껏 수차례 이루어져 왔다. 그러나 무엇으로 시청 품질을 판단할 것인지는 결국 정의되지 못한 상태다. 다만, TV 시청 데이터를 포함한 오디언스 데이터로 시청자를 평가함으로써 시청 품질 논의는 결론이 나게 될 것이다. 또한, 시청 품질이 제대로 규정되지 않았던 이유로는 시청률이 어디까지나 프로그램 시청률이며, TV 광고 시청률이 아니라는 점도 있었다.

TV 시청 데이터를 비롯한 오디언스 데이터를 보면 '얼마나 시청되고 있는지' 계측할 수 있다. TV 광고 접촉 빈도도 개별적으로 파악 가능하므로, 접촉할 때마다 발생하는 광고 및 브랜드 인지, 구매 의향 등을 조사할 수도 있다.

패널의 질에 대해서는 논의가 필요하겠지만, 상세한 TV 시청 데이터가 오디언스 데이터에 편입되면 구매 행동 및 브랜드에 대한 관심을 싱글 소스[2]로 통합하게 되므로, 광고주가 커뮤니케이션하려는 오디언스가 시청하는 TV 방송이 명확해진다.

즉 오디언스 데이터를 사용한 온라인 광고 플래닝이 토대가 되어

---

2) 상품이나 서비스의 유일 공급자

매스미디어인 TV의 플래닝도 포괄하게 되는 것이다. 그리고 브랜드 인지를 중시하는 광고주를 중심으로 온라인 광고의 효과 지표가 클릭 수에서 인지로 전환되면, TV 광고와 온라인 광고(특히 영상 광고)는 동일한 조건에서 동일한 오디언스 데이터로 플래닝된다. 광고주 입장에서 보면 프로그램 시청자를 오디언스 데이터로 평가할 수 있다면 '이 프로그램이라면 얼마가 들어도 좋다', 반대로 '이 프로그램에는 단 한 푼도 내지 않겠다'와 같은 판단이 가능해진다.

TV 광고는 '판매자 시장'이다. 스폿 광고도 사실 원하는 시간대만 구매할 수는 없다. A타임이라는 말을 들어본 일이 있는가? 가장 광고 게재요금이 비싼 시간대를 가리키는 용어다. A타임에 광고를 한 편 게재하려면 B타임, C타임도 함께 구매해야만 했다.

판매 및 구매 방식은 시장의 논리로 결정된다. 판매자가 우위에 서 있다면 현재와 같은 방식으로 살 수밖에 없는 것은 경제 원리에 부합된다. 그러나 데이터 마케팅 시대에서는 '자신이 사는 물건이 어느 정도의 가치가 있는지' 평가할 수 있다. 이에 따라 거래 조건이 변화할 가능성은 높다.

TV가 미디어의 왕이었던 시대는, 어떤 의미로 보면 마케팅 활동의 왕도란 바로 TV 광고를 내보내는 일이었다. 그 결과 시청률이 마케팅의 통화가 되었다. 하지만 TV의 지위가 흔들리지 않았다 해도 기업이 마케팅 활동에 이용하는 미디어는 페이드 미디어 일변도에서 온드 미디어, 나아가 소셜미디어와 같은 언드 미디어로 확대되었다. 시청률이라는 TV에 한정된 도달 지표가 아닌, TV를 비롯한 트리플 미디어의 종합 지표로 쓰일 수 있는 오디언스 데이터가 마케팅 핵심이 되는 것은 필연이다.

오디언스 데이터는 광고주 측이 사용한다. 단순한 고객 데이터베이스의 의미가 아니라, 동일 인물이라도 어느 시점과 맥락에서 커뮤니케이션을 취해야 유저가 반응하는지 오디언스 데이터를 이용하면 알 수 있다. 트리플 미디어를 비롯해 퍼스트 파티 데이터, 세컨드 파티 데이터, 서드 파티 데이터, 그리고 광고 집행 결과 데이터를 빠짐없이 관리하여 오디언스 데이터로부터 '가치'를 창출해야 한다. 광고주는 오디언스 데이터의 개념과 정의, 그리고 오디언스 데이터를 통한 가치 창출 방법을 명확하게 확립할 필요가 있다.

오디언스 타기팅의 진정한 가치

기업에게 인터넷 유저 행동은, 유저가 얼마만큼 그 상품에 관심을 갖고 있는지 알 수 있는 편리한 데이터다. 검색연동형 광고가 보급된 배경에는 키워드 데이터를 기반으로 흥미나 관심이 표면화된 유저에 맞는 광고를 표시할 수 있었던 점이 주효했다. 그러나 특히 고액의 상품 영역일 경우는 '흥미 및 관심을 지닌 유저 대상 마케팅'만으로 효율적인 광고 투자가 불가능하다. 비교적 고액인 상품 영역에서 가장 주목할 대상은 '관심도 있고 구매력도 지닌 유저'이지만, 두 번째는 '관심이 있지만 구매력은 없는 유저'가 아니라 '현재로서는 관심이 없지만 구매력을 지닌 유저'다. 5년, 10년 뒤를 내다본 장기적인 마케팅 전략이라면 별개지만, 구매력이 없는 유저에게 계속 광고를 노출시켜도 당연히 결과는 기대할 수 없다. 가령 자동차 회사의 웹 사이트에서 카탈로그를 요구하는 유저가 반드시 구매층인 것은 아니다. 오히려 사지 않는 사람인 경우가 많다. 즉 고액 상품의 경우에는 '관심'을 목표로 하는 것만으로는 충분하지 않다.

프로그램의 성패를 예상하다

오디언스 데이터에는 구매력과 구매 의식 및 구매의사를 나타내는 데이터를 포함시킬 수 있다. 이러한 데이터를 보유하여 광고주나 미디어에 제공할 수 있다면, 브랜드 커뮤니케이션 방식 자체가 변하게 된다.

이러한 대응이 가능하다면 TV 광고의 경우에도 구매력 없는 사람들만 보는 방송과, 그 방송 전후의 스폿광고를 사는 일은 없어진다. TV 방송국도 단순한 시청률뿐만 아니라 어떠한 구매 행동과 구매 의식을 지닌 유저가 시청하는지 파악하여 프로그램 마케팅에 데이터를 활용하는 기술을 익히지 않으면, 광고주 측이 점차 오디언스 데이터를 써서 프로그램 시청자를 완전히 노출시키게 된다. 그 프로그램 시청자들 중 구매를 기대할 수 있는 타깃이 얼마나 포함되어 있는지를 평가하게 되는 것이다. 우선은 자발적으로 오디언스 데이터를 확보하여 광고주 측보다 지식과 경험을 축적할 필요가 있다.

시청자의 오디언스 데이터를 분석하고 광고주가 요구하는 타깃 포함률(타깃 도달률)이 높은 프로그램을 만드는 것이 바로 광고 수입에 의존하는 TV 비즈니스의 미래형이 될 것이다.

또한, 시청 태도나 임프레션 효과(높은 인지 효과와 강한 인상을 남기는 것)에는 무엇이 중요하며 그것을 어떻게 구성해야 하는지 분석할 수 있다면, 높은 시청률뿐만 아니라 우량 소비자에게 강한 인상을 남기는 콘텐츠란 무엇인지 찾을 수 있다.

뉴스 프로그램에서는 프로그램 콘텐츠와 광고 정보를 명확하게 구별해야 하나, 오락 프로그램에서는 프로그램 내에 특정 상품을 노출시키는 PPL(Product Placement)를 비롯해 PR 요소가 파고들 여지가 충분하다. TV 시청 데이터를 얻을 수 있으면 소셜미디어 등의 언드 미디어 활용에도 영향을 미치게 될 것이다. PR 업체에도 기획력과 함께 오디언스 데이터 관련 지식, 디지털에 대한 이해, 콘텐츠 마케팅에 정통하는 능력이 요구될 것이다.

데이터로 콘텐츠를 마케팅하다

이처럼 오디언스 데이터의 활용은 광고주는 물론, 미디어가 콘텐츠를 개발하는 데도 응용할 수 있다. 구체적으로는 미디어의 생명인 콘텐츠 제작 과정에 오디언스 데이터 분석 과정을 도입하는 것이다.

미디어는 콘텐츠를 제공하는 역할을 맡는, 콘텐츠 개발의 프로다. 프로로서 긍지를 지닌 만큼 지금까지 콘텐츠를 마케팅하는 문화는 없었다. 물론 '시청자의 기대를 웃도는 정보를 제공하는 데 의미가 있다'는 사고방식은 부정할 수 없다. 하지만 우량 소비자를 더 많이 획득하기 위하여 어떤 콘텐츠를 만들어야 하는지 과학적으로 분석하는 미디어가 향후 속속 등장하게 될 것이다. 그리고 광고 수입이 비즈니스 모델이라면 광고주가 원하는 오디언스 데이터를 획득할 수 있는 콘텐츠 마케팅도 필요해진다.

웹 미디어 중 대부분은 기사나 동영상 제목이 얼마나 조회되었는지, 어느 정도의 페이지뷰를 달성했는지, 순 방문자(unique user)는 몇 명인지 면밀히 확인한다. 그러나 이는 그저 '양'을 측정할 뿐 오디언스(독자, 열람자)의 질을 파악하는 것은 아니다.

유저를 다수 획득하면서 그 질적 측면도 높이고 싶다면, 어느 콘텐츠를 얼마만큼의 유저가 시청하고, 그 시청자가 어떠한 사람들인지도 확인해야 할 필요성이 생긴다. 예를 들어, 유저 중에 고급 승용차를 구입한 사람이 많다면 이를 판매하는 자동차 업체에 광고를 제안하는 것도 가능하다. 콘텐츠 제작에 오디언스 데이터를 사용하는 노하우는 이제부터 개발되겠지만, 미디어가 데이터 관리 시스템을 사용하는 의미는 바로 콘텐츠 마케팅에 있다.

그 이유는 광고 상품 개발과 콘텐츠 마케팅이 표리일체이기 때문이다. 따라서 미디어의 광고 부문만이 데이터 관리 시스템을 사용하는 것은 그다지 의미가 없다. 콘텐츠 마케팅 없이는 광고 소재 개발도 없다.

미디어는 콘텐츠와 광고 상품을 마케팅해야 한다. 양질의 오디언스에 대해 양질의 광고 섹션으로 커뮤니케이션을 취할 기회를 광고주에게 제공하면 그 가치는 높아진다.

한편, 콘텐츠 유료 모델을 고려하자면 오디언스가 돈을 지불할 콘텐츠란 무엇이 있는지, 더욱 마케팅에 힘을 쏟을 필요성이 생긴다. 미디어의 범주에 들어가는 기업에서 콘텐츠 마케팅이 가능한 것은 필자가 아는 한 리쿠르트 정도이지만, 데이터 관리 시스템을 본격 활용하는 미디어가 늘어나면 제2, 제3의 리쿠르트가 등장할지도 모른다.

효율과 도달률, 상반되는 지표

지금까지 서술한 바와 같이 운용형 광고가 정착하고 있는 상황이지만, 이 같은 기법에 결점이 있다면 바로 '효율'은 보장할 수 있으나 '도달률(reach)'은 보장할 수는 없다는 점이다. 기존의 섹션 형태라면 비교적 도달량을 짐작할 수 있다. 한편, 운용형 광고의 경우에는 효율을 담보할 수는 있지만 도달량 획득은 보장할 수 없다.

그러나 앞으로는 효율과 절대량을 양립시키는 일이 광고 운용 담당자의 역할이 된다. 다만, 그 방식에서 종래의 효과를 파악할 수 없는 광고 매매 시대와는 달라질 것이다. 예산을 확보하고 실행하여 그 성과를 검증하는 것이 아니라, 먼저 성과를 예측한 다음 예산을 책정하여 실시하는 과정으로 바뀌게 된다.

데이터 마케팅 시대에는 디지털 데이터를 중심으로 다양한 데이터를 사용하여 현 상황을 파악하고, 전략을 기획 및 실시하여 그 결과를 예측하는 것이 가능하다. 이를 반복함으로써 성과를 예상하고 기획하는, 다시 말해 결과를 내다보고 기획, 실시하여 예측과의 오차를 수정하는 PDCA 사이클을 작성하게 된다.

광고주의 마케팅 전략을 지원하는 입장인 광고대행사는 광고주와 함께 파트너로서 주체적으로 효과와 효율을 양립시키도록 운용해야 한다. 월 1회 결과보고서를 가져와 전달하는 종래의 의사 교환 방식이 아닌, 집행 결과를 보고하는 영상 앞에 서서 운용 결과 데이터를 공유하는 형태다.

덧셈인가 뺄셈인가

가령 데이터 관리 시스템을 구사하여 커뮤니케이션이 필요한 오디언스 데이터를 분류했다고 하자. 광고 집행 방식은 게재 면을 택하지 않는 수동적인 방식과, 양질의 게재 면을 선정하고 그 오디언스 데이터별로 브랜드와 광고 크리에이티브를 구분하는 방식이 있다.

어떠한 오디언스가 모여 있는지에 따라 그 광고 섹션의 질이 평가된다고 언급했는데, 이 같은 양질의 게재 면에 대해서도 자체 광고 집행 플랫폼을 보유할 수 있다면 오디언스별 광고 집행이 가능해진다. 브랜드 인지나 태도 변용 효과를 중시하다 보면 이러한 기법이 늘어날 가능성이 있다. 쿠키 데이터를 토대로 오디언스를 무한히 추적하는 기법과, 양질의 게재 면을 선정하여 광고를 집행하는 기법은 광고주의 목적에 따라 구분할 필요가 있다.

특정 쿠키 데이터를 겨냥하여 1임프레션(노출 횟수)을 축적하는 방식의 소위 '덧셈'인지, 또는 양질의 게재 면 집행으로 저효율 집행을 제외시키는 '뺄셈'인지에 대한 판단은 향후 광고 섹션 구매의 기본적인 논리로 자리 잡을 것이다.

미디어 측 입장으로는 구매자가 바라는 오디언스만 지목해서 매매되어서야 광고 수입을 최대화하기가 어렵다. 실시간 경매 방식을 이용한 맞춤형 디지털 매체 구매 시스템을 통해 매매할 뿐이라면 개별 구매자가 필요한 것만 사더라도 완매할 가능성이 있지만, 프리미엄 광고 섹션으로서 파는 경우를 생각하면 특정 소수 광고주와의 계약 모델도 병행하지 않으면 안 된다. 이때 구매자에게 있어 저효율적 집행을 제외하는 것은 필수 조건이 될 것이다.

광고대행사의 역할은 구매자 측 논리는 물론, 미디어 광고 섹션의 가치를 제고하는 데에 있다. '미디어 대행'과 '광고주 대행'이 공존하는 일본 특유의 방식에 따른 과제라고도 할 수 있을 것이다.

매스미디어/디지털/오프라인의 3가지 영역을 포괄하다

지금까지 오디언스 데이터의 미확보가 어느 정도의 위기 상황을 만들어내는지에 대해 언급해 왔다. 그 근저에는 마케팅 환경의 극적인 변화가 있다. 마케팅 환경에 과연 어떠한 변화가 일어나고 있는 것일까.

디지털이 널리 보급되면서 지금까지 분리되어 있었던 매스미디어/디지털/오프라인 영역이 서로 이어지기 시작했다. 그 실태를 표현한 것이

그림 2다. 이 3가지 영역의 커뮤니케이션과 고객 동선을 통합적으로 관리할 수 있는지 여부가 미래형 광고대행사의 시금석이 될 것이다.

그림 2. 매스/디지털/오프라인의 3가지 영역

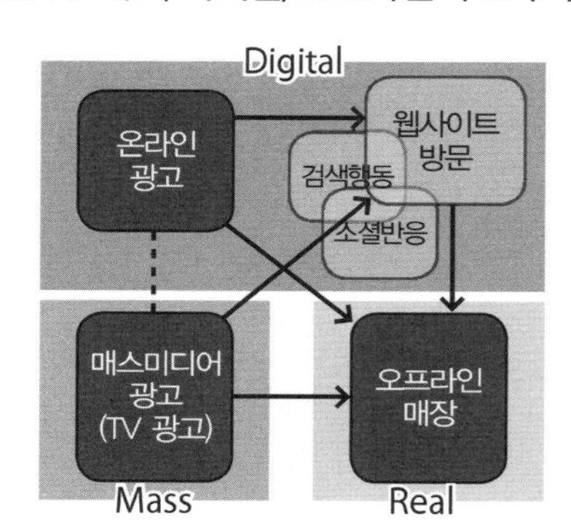

종래의 매스 마케팅에서는 왼쪽 아래에서 오른쪽 아래로 흐름을 만드는 것이 역할이었다. 하지만 디지털 영역이 크게 확대되면서 마케팅 대상이 되었다. 상하는 분리 상태가 장시간 이어졌지만, 매스미디어 광고를 내보내면 반드시 웹 사이트 방문과 검색 행동, 소셜미디어 게시글 등 반응이 발생한다. 디지털로 측정과 파악이 가능한 데이터를 통해 3가지 영역 전체를 최적화하는 시도야말로 미래형 마케팅이라 할 수 있다. 이와 같은 3가지 영역을 통합적으로 기능하게 하는 방안은, 각각의 영역에 유기적인 연동 및 연계시켜 고객 흐름을 수치로 파악하는 것이다.

종래에는 디지털 영역에 한정된 최적화, 즉 온라인 광고를 이용한 고객 유도와 컨버전을 목적으로 하는 마케팅 전략이 온라인이라는 닫힌 세계에서 실시되었다. 이 영역은 특히 고객 획득 단가가 중요시된다. 게다가 아직까지도 고객 유도 효과를 클릭 횟수만으로 평가하는, 실제 최적화와 거리가 먼 방식으로 운용하는 광고주가 많다.

적어도 제3자 집행 서버를 통해 포스트 임프레션(광고 집행 시에는 클릭 등 반응이 나타나지 않았으나, 나중에 광고에서 선보이던 상품의 웹 사이트를 방문하는 등 행동을 보이는 것)을 포함한 고객 유도 효과를 재평가할 필요성은 있다. 온라인 어트리뷰션(attribution)은 이제 어려운 작업이 아니다. 인터넷을 활용하는 마케터는 우선 온라인 어트리뷰션을 명확하게 확립해야 한다. 그 단계를 거치지 않고는 토털 어트리뷰션은 이루어질 수 없다.

매스미디어와 디지털을 연계한 전략

다이렉트 마케팅에서는 매우 단기적인 시간축을 설정하여 광고 효과를 평가하는 경우가 대부분인데, 비교적 중기적인 브랜딩 투자를 도입함으로써 단기적인 획득 효과를 포함한 최적화를 실현할 수 있다.

보통 다이렉트 마케터는 매스미디어 광고 투자도 단기적인 획득 효과로만 평가하는 것이 보통이다. 하지만 노련한 마케터는 데이터 획득형 광고이면서 그 속에 담긴 브랜딩 커뮤니케이션 요소를 의식한다.

디지털 영역에 한정된 브랜딩이라는 관점도 있겠지만, 매스미디어 광고(특히 TV 광고)를 통한 브랜딩 효과는 절대적이며 이를 적절하게 활용함으로써 마케팅 전체의 최적화가 다이렉트 마케팅에서도 실시될 수 있다.

당연한 일이지만, 인터넷을 활용한 다이렉트 마케팅도 디지털 영역에 제한한 광고대행사에서는 최적화하기 어려우리라 볼 수밖에 없다. 그러나 '디지털 영역은 온라인 광고대행사, 매스미디어 광고는 종합광고대행사'라는 형태로 별개 영역으로서 기능시키는 광고주가 많다.

'디지털 또는 매스미디어에 강하다'는 말은 이미 논외로, 매스미디어와 디지털을 연계한 전략을 기획 및 운용 가능한지가 관건이 된다. 이러한 의미에서 매스미디어 반응을 온라인으로 관측하여 반응자를 표시하는 등의 기술에 대응할 수 있는지는 무척 중요하다.

또한, 오프라인 판매 채널을 주력으로 삼고 있는 일반 소비재 업체라면, 물론 실제 매장이라는 영역을 추가하길 요구한다. 통합적으로 연계시킬 수 있는 광고대행사여야 하는 것이다.

이렇게 되면 종래의 왼쪽 아래에서 오른쪽 아래로 흐름을 만드는 것이 아니라, 왼쪽 위에서 오른쪽 위로 유도하고 이를 관리하며, 오른쪽 위에서 오른쪽 아래로 유도(O2O, 이른바 온라인 투 오프라인)하며, 매스미디어 광고(특히 TV 광고)와 디지털 광고의 동일 효과 지표에 의한 배분 모델(가장 많은 상승 효과를 얻을 수 있는 배분 기법) 확립 등이 필요해진다.

온라인 투 오프라인도 '온라인에서 오프라인으로'에 그치지 말고 오프라인 고객을 고객 데이터베이스라는 데이터 마케팅 대상화가 가능하도록 하는 '오프라인에서 온라인으로'와 같은 관점을 가질 필요가 있다. 매스미디어/디지털/오프라인을 통합적으로 관리할 수 있는 차세대형 광고대행사에게 요구되는 조건은 다음과 같다.

① 온라인 어트리뷰션(좌측 상단에서 우측 상단의 최적화)(그림 3)
② 매스미디어 광고에 따른 디지털 영역의 소비자 반응을 파악하여 반응자를 커뮤니케이션 대상으로서 데이터화한다.(좌측 하단에

서 우측 상단의 최적화)(그림 4)

③ 좌측 하단과 좌측 상단을 동일 효과 지표로 최적화한다(그림 5).

④ '온라인 투 오프라인' 또는 '오프라인 투 온라인' (우측 상단과 우측 하단, 그림 6)

⑤ ①~④를 통해 다시 '좌측 하단에서 우측 하단'을 최적화한다.

특히 ⑤는 필자가 주장하는 '디지털 마케팅이란 디지털로 얻을 수 있는 데이터와 지식, 발견을 토대로 매스미디어와 오프라인을 포함하는 마케팅 전체를 최적화하는 시도'라는 관점을 보여준다.

매스미디어/디지털/오프라인 3가지 영역의 통합적 최적화 지향은 기존 '매스미디어 광고에서 오프라인 점포로' 고객을 유도하던 것을 '경험과 감'을 통해 '데이터로 최적화하는' 마케팅으로 이행시키는 일이다.

그림 3. 온라인 어트리뷰션(①)

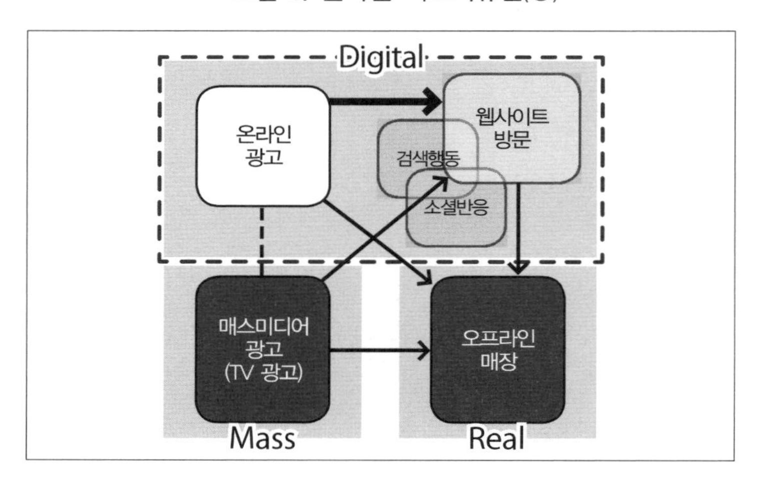

그림 4. 매스미디어를 통해 인터넷으로의 반응을 보완(②)

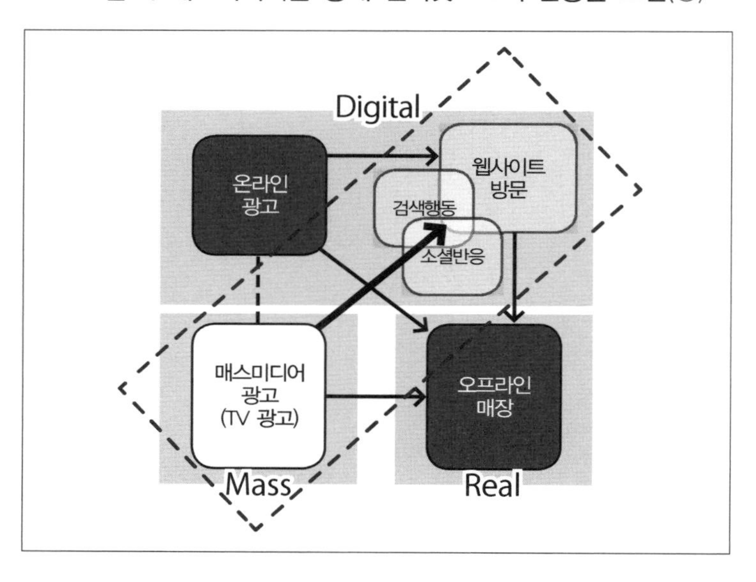

그림 5. TV와 온라인 광고의 최적 배분 모델(③)

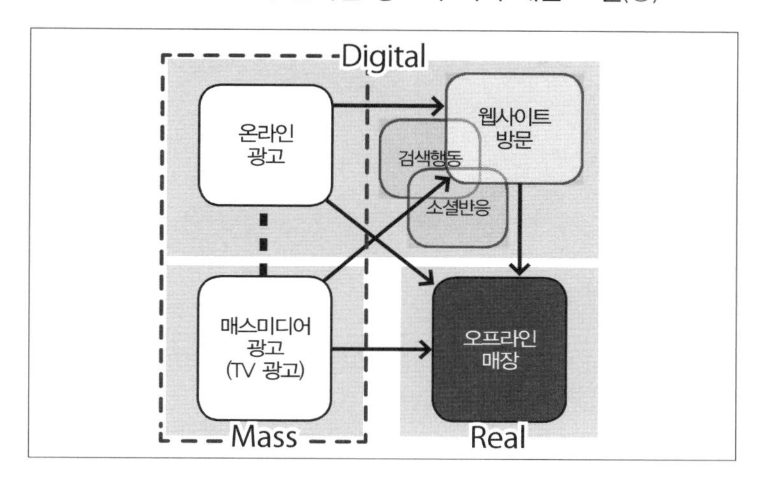

그림 6. 온라인 투 오프라인 & 오프라인 투 온라인(④)

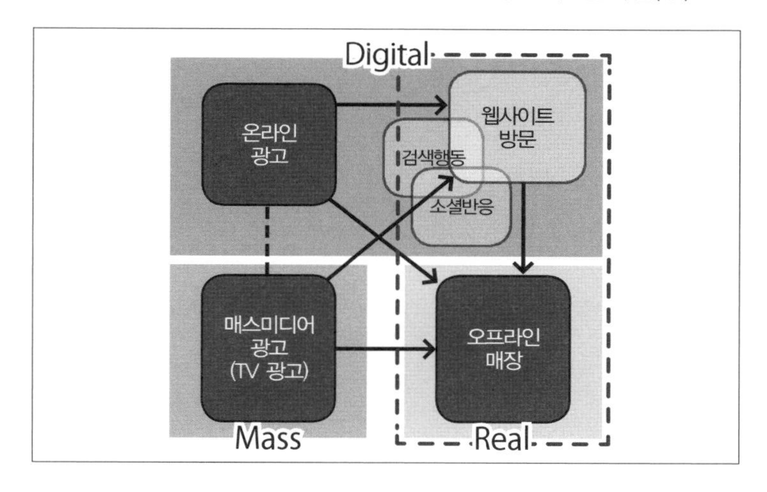

제3장
데이터 마케팅 시대의 광고주

제3장
데이터 마케팅 시대의 광고주

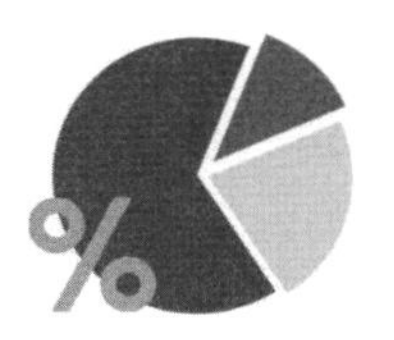

광고주 가운데 마케터가 성장하지 못하는 환경

일본의 광고대행사는 광고주 간 경쟁에서도 담당 영업 부문을 바꿈으로써 거래처로 만들고 만다. 미국과 유럽의 AE제도(Account Executive System)와는 큰 차이이다. 애초에 신문의 광고 지면 판매라는 '미디어 대행사'에서 일본의 광고대행사 비즈니스가 탄생했으므로, 결과적으로 이러한 일본 특유의 방식이 생겨났다. 덴츠, 하쿠호도에는 남다른 기획력과 미디어 구매력이 있기 때문에 광고주의 선택지가 적다는 배경도 있어, 일본에서는 뿌리내리지 못했다.

물론 일본의 광고주에게는 AE제도가 정착하지 못한 데 따른 이점도 많다. 항상 복수의 광고대행사를 경쟁시켜 기획과 광고 섹션 제안을 요구할 수 있었기 때문이다. 기업 측에 브랜드 매니저 제도(브랜드별로 실적에 대해 책임지는 매니저를 배치한 조직 형태)가 자리 잡으면 브랜드별 광고대행사 제도를 통해 수시로 경쟁 프레젠테이션을 실시하여 가장 뛰어난 기획을 제안하는 광고대행사를 '원하는 대로 선택 가능한' 시스템이 정착되어 있다.

이는 나름대로 광고주 입장에서 매우 유리한 환경이라 할 수 있다. 그러나 광고주 측에 우수한 마케터가 자라나지 않는 요인이 되는 점 역시 부정할 수 없다. 광고대행사 측도 거래할 기회가 항상 있다고 보고, 방법만 바꾼 채 광고주에 접근하여 무슨 일이든 맡겨달라고 한다. 말 그대로 차려놓은 밥상이다. 광고주는 광고대행사에 대한 '의존증'이 체질화되고 말았다.

광고대행사로서는 이 같은 상황도 나쁘지 않다. 그러나 광고주 가운데 마케터가 육성될 수 있는 환경이 마련되어 있지 않은 점은 매우 심각한 위기 상황이라 하겠다.

직무순환을 중시하는 일본 기업

일본 기업은 기본적으로 제너럴리스트(generalist)를 육성하려는 목적에서 직무 순환을 반복하면서 승진하는 시스템을 갖추고 있다. 마케팅이 경영의 근간이 된 지금도, 마케팅 전문가가 경영자가 될 수는 없다. 반면 구미에서는 마케팅 전문가가 마케팅 분야의 일인자이면서 경영자 자리에도 앉을 수 있다. 이 차이는 매우 크다. 일본에서는 지금도 '마케팅 부문=광고판촉 부문'인 기업이 대부분이다. 그러나 광고 섹션을 광고대행사를 통해 구매함으로써 성립되었던 마케팅 활동이, 마케팅 전체 활동 중 일부에 지나지 않는 시대가 도래했다. 기업의 마케팅 활동에 이용되는 미디어는 페이드 미디어, 온드 미디어, 언드 미디어로 확대되어, 목표를 달성하기 위해 고객 서비스 개발도 검토할 필요성이 생겨났다. 이에 대응하려면 광고대행사에 의뢰하는 것만으로는 부족하다. 광고주 스스로 지식을 쌓아, 지도력을 발휘할 수 있는 전문가를 육성해야 하는 해외 기업들은 사내에 마케팅 연구실을 설치하는 움직임이 활발하다.

앞으로 광고주가 자사 내에서 이행해야 할 일이 몇 가지 있다. 컨설팅 기업에 지원을 의뢰하는 방법도 있지만, 외부에 맡기는 것이 아니라 광고주 자신이 실시해야만 하는 일이다. 이는 간단히 설명하면 다음과 같다. 중요한 것은 광고대행사에 맡길 부분과 자사가 처리할 부분을 명확하게 구분하는 일이다.

- 광고 캠페인에 대한 평가는 자사에서 시행한다. (제3자 집행 서버의 도입 운용 및 분석, 투자 대비 효과 분석과 예산 분배 플래닝은 외부 컨설팅 기업을 활용한다.)
- 운용형 광고는 브랜드 횡단형 관리를 기본으로 하여 자사 내 운용(미디어로부터 직접 구입, 컨설팅과 운용은 외주) 또는 자사 전속 광고대행사(하우스 에이전시)에 맡긴다.
- 데이터 관리 시스템(DMP)은 기업이 스스로 테크놀로지 업체와 직접 계약하여 자사 내에서 운용한다.

수천만 엔으로 수억, 수십억 엔의 투자 대비 효과를 노려라

광고주가 스스로 처리해야 하는 일 중 하나는 바로 광고 효과 측정이다. 더 자세히 말하면 매스미디어 광고를 포함한 투자 대비 효과를 가시화하는 것이다. 전략 제안과 실시를 광고대행사에 맡기려 한다면, 적어도 그 평가는 외부 컨설팅 기업에 의뢰하자. 평가를 전략 수행 담당자인 광고대행사에 맡기는 처사는, 축구에 비유하면 선수에게 호루라기를 불게 하는 것과 마찬가지다.

광고의 투자 대비 효과를 측정하는 시도는 광고 접촉에서 구매 행동까지를 싱글 소스로 추적하는 방식과, 광고 등의 설명 변수와 구매 데이터 등 목적 변수 간 중회귀 분석을 실시하여 모델화한 후, 예산 배분을 최적화하는 방식이 있다. 광고 투자에 수백억 엔 단위의 예산을 들이는 광고주라면 광고 퍼포먼스의 개선 효과가 수억, 수십억에 이를 가능성이 있다. 이를 위해 수천만을 투자하는 것은 합당한 일일 것이다.

투자 대비 효과를 측정하여 예산 배분과 광고별 공헌도의 가시화를 광고주가 자사에서 주체적으로 실시하기 위해서는, 우선 제3자 집행 서버를 직접 계약하여 데이터를 자사가 분석하는 환경이 필요하다. 광고 구입(특히 섹션)은 광고대행사에 발주하여 게재 관리를 의뢰하지만, 제3자 집행 서버로부터의 보고는 자사가 관리한다.

미디어별로 광고대행사를 통해 광고 섹션을 구입하고, 미디어가 계약 중인 광고 집행 서버에서 광고를 내보낸 결과에 대해 보고 받더라도 컨버전의 더블 카운트, 트리플 카운트가 발생하여 정확한 평가가 불가능하다.

미디어별 광고 공헌도 평가를 실시하여 디스플레이 광고와 검색연동형 광고 등도 포함해 예산 배분을 최적화하기 위해서는 구입을 광고대행사에만 맡겨두지 말고, 자사가 관리할 필요가 있다.

나아가 매스미디어 광고는 물론, 광고 투자 전체의 투자 대비 효과 최적화 모델도 자사 내부적으로 구축해야 한다. 기술적으로는 TV 광고와 온라인 광고의 예산 배분 모델을 구축하는 것도 가능한 시대다. 실제로 다양한 기업들이 이러한 형태의 서비스를 제공하기 시작했다. 이를 광고주 스스로가 직접 운용하는 것이 무엇보다 중요하다.

미국과 유럽 기업이 직접 관리하는 이유

만약 자사 전속 광고대행사(하우스 에이전시)가 있다면, 운용형 광고 시행과 관리는 그에 맡기는 편이 좋다. 반대로 하우스 에이전시인데 그것이 불가능하면 존재 이유가 의문시된다.

미국과 유럽 기업이 광고의 입찰·운용을 자사 내에서 실시하는 이유는, 데이터 관리 시스템과 연계하고 있기 때문이다. 대기업에서 프라이빗 데이터 관리 시스템을 활용할 때는 광고 반응 데이터도 데이터 관리 시스템과 연계해야 하므로, 프라이빗 광고 집행 시스템상에서 운용할 필요가 있다. 광고 집행처는 프라이빗 게재 면 네트워크를 만들어 브랜드 가치를 떨어뜨리지 않는 미디어에 대해 송출을 시도한다.

그림 1. AE제도와 브랜드 통합 시책의 이미지

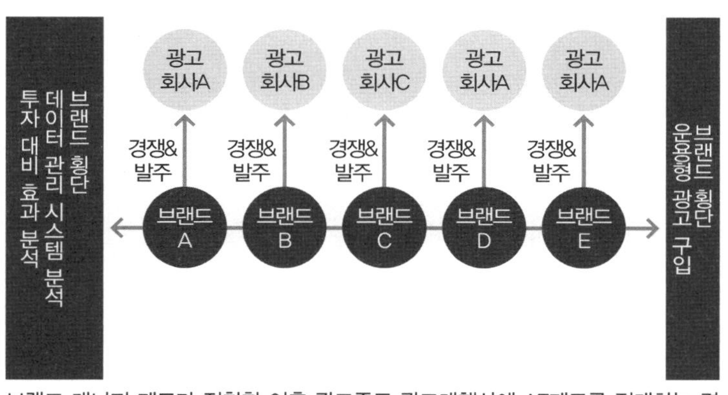

브랜드 매니저 제도가 정착한 이후 광고주도 광고대행사에 AE제도를 전개하는 경우가 크게 늘어났다. 그러나 운용형 광고의 송출 및 운용 시 브랜드 횡단적으로 실시하는 것이 바람직하다. 브랜드별로 대응할 경우 자사 내에서 동일한 키워드를 구입하는 등, 운용과 비용 측면에서 효율이 떨어지는 상황도 가정할 수 있다.

이러한 광고 집행은 브랜드 횡단적으로 운용·관리됨으로써 비용 절감과 효율화로 이어진다. 따라서 브랜드별 제안으로 광고대행사를 경쟁시키면서, 종합 시책은 자사 또는 자사 전속의 광고대행사가 관리하는 것이 적당하다. 데이터 관리 시스템의 활용은 광고대행사에 맡겨도 되는 사안이 아니다.

브랜드 매니저 제도가 정착한 이후 광고주도 광고대행사에 AE제도를 전개하는 경우가 크게 늘어났다. 그러나 운용형 광고의 집행 및 운용 시 브랜드 횡단적으로 실시하는 것이 바람직하다. 브랜드별로 대응할 경우 자사 내에서 동일한 키워드를 구입하는 등, 운용과 비용 측면에서 효율이 떨어지는 상황도 가정할 수 있다.

진정한 '투자 대비 효과'를 가시화하다

'브랜드'라 불리는 광고주의 대부분은 오프라인 매장이 주력 채널이다. 따라서 온라인에 오프라인 점포에서의 상품 구매와 상관성이 있는 지표를 정의하고 측정할 수 있도록 해야 한다. 실시간으로 간단히 측정 가능한 중간 지표가 있으면 전략을 항상 최적화할 수 있다.

결국, 오랫동안 지속적으로 소비자가 구매하는 것이 비즈니스의 목표이므로, 광고를 포함한 마케팅 투자는 '구매'라는 목적 변수에 대해 최적화되어야 한다. 특히 광고의 예산 배분에 관해서는 투자 대비 효과를 분석하여 모델화할 필요가 있다. 향후 브랜드 커뮤니케이션이 메인이 될 광고주 역시 온라인 광고에 투자를 늘릴 것으로 예상된다.

그 이유는, 우선 온라인 광고(특히 동영상 광고)로 얻을 수 있는 인지 효과나 태도 변용 효과가 오프라인 판매 채널에서 소비자의 구매 행동을 촉진한다고 검증할 수 있게 되기 때문이다. 즉 TV 광고나 그 밖의 매스미디어 광고와 동일한 지표로 온라인 광고를 측정하게 되어, 이에 따라 매스미디어 광고와 온라인 광고의 예산 배분도 과학적인 근거를 바탕으로 검증할 수 있게 된다.

실제로 몇몇 종류의 광고 포맷과 크리에이티브로 광고 접촉자, 비접촉자에 대한 설문조사를 실시해 보면 클릭률이 높은 포맷, 크리에이티브에서도 광고 인지, 브랜드 인지 측면에서는 낮거나 클릭률이 낮아도 인지 효과는 높은 결과가 나타난다. 클릭과 인지는 상관성이 없는 경우가 많은 것이다.

이러한 부분은 광고주 자신이 자사 상품으로 해당 조사를 실시해야 한다. 웹 사이트에 대한 유도 효과만으로 온라인 광고를 평가한다면 컨버전으로 이어진 클릭 횟수, 임프레션을 측정하는 것도 좋다.

그러나 클릭률은 일반적으로 1%에도 미치지 못한다. 1%를 개선하려고 열심히 노력해도 효과는 미미하다. 클릭하지 않은 나머지 99%에 어떠한 효과를 낳고 있는지 확실하게 파악하는 편이 훨씬 큰 이득이다. 온라인 광고를 포맷과 크리에이티브라는 관점에서 인지 효과로 평가하고 활용하는 것은 매스미디어 광고 전체의 최적화로 이어질 것이다.

오프라인에서 온라인으로

디지털 영역에서 얻을 수 있는 오디언스 데이터를 토대로, TV 등 매스미디어 광고로의 접촉과 효과도 가늠하게 된다.

오디언스 데이터에는 매스미디어 광고 접촉자, 오프라인 점포에서 발생한 구매 관련 행동 등을 모두 연관 짓는다. 온라인 투 오프라인은 이미 익숙한 표현으로 자리 잡았다. 이 같은 움직임은 일반적으로 '온라인에서 오프라인으로'라는 문맥으로 해석되는 경우가 많은데, 사실은 데이터화되지 않은 많은 내점객을 데이터화하기 위한 '오프라인에서 온라인으로'라는 의미가 강하다.

오프라인 판매 채널이 중심인 상품의 투자 대비 효과를 측정하여 마케팅 활동을 최적화하려면, 싱글 소스 패널(그림 2)과 중회귀 분석 등에 의한 분석을 통해 판매량 등의 목적 변수와 관련된 지표를 발견하여 주요 지표로서 실시간으로 파악해야 한다. 이것이 가능하다면 시책 상황을 수시로 확인하면서 반응이 나쁠 경우에는 조정하는 등의 대책을 취할 수 있다.

매스미디어 광고 이용이 빈번한 광고주가 온라인 광고를 활용하는 경우, 클릭당 단가와 고객 획득 단가만으로는 최종적인 광고 효과를 판단할 수 없다. 웹 사이트 방문으로 이어진 클릭, 임프레션 효과와 임프레션에 의한 인지 효과, 태도 변용 효과를 합산하여 평가해야 한다.

최종적인 목표는 유도와 인지가 얼마만큼 구매 행동으로 이어졌는지 가시화하는 것이다. 가령 인지의 경우에도 TV로 획득할 수 있는 인지와 비디오 광고로 획득할 수 있는 인지는 구매 행동으로 연관 지어보면 동일한 효과가 아닐지도 모른다.

앞으로는 웹 사이트와 온라인 광고도 쉽게 눈에 들어오는 임프레션이나 클릭을 검증하는 것 이외에도, 복합적인 조사를 병행하는 시점에서 평가할 필요성이 생길 것이다. 이러한 효과 지표를 종래의 매스미디어 광고와 동일하게 하는 것이 매스미디어와 디지털을 통합적으로 전체 최적화하는 시도로 이어지게 된다.

그림 2. 싱글 소스 패널의 이미지

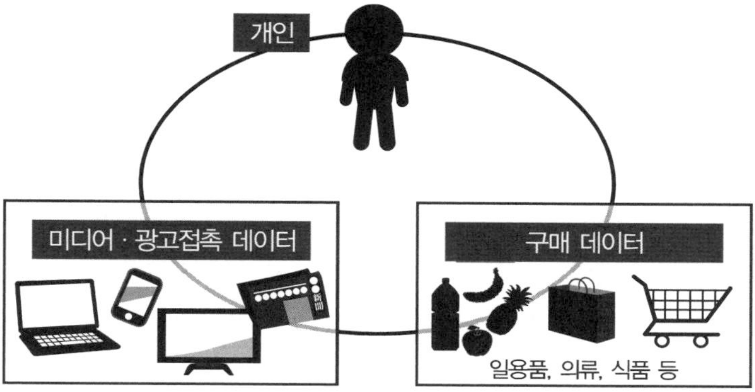

개인

미디어 · 광고접촉 데이터

구매 데이터

일용품, 의류, 식품 등

싱글 소스 패널 이미지. 인테이지 웹 사이트를 참고로 편집부가 작성

초대형 광고주 유니레버의 의식 변화

2013년 말, 광고 · 마케팅 관계자들에게 큰 충격을 안겨준 뉴스가 전해졌다. 유니레버가 마케팅 부문 인력 800명을 감축하고, 동시에 광고대행사에 대한 비용과 취급 품목을 줄인다는 내용이었다. 기업의 비용 절감 발표는 자주 듣게 되는 소식이지만, 디지털화 및 글로벌화에 연계된 이번 발표는 광고업계에 큰 충격을 남겼다[1].

유니레버는 로테르담과 런던에 상장해 있으며, 마찬가지로 유럽 기

1) Advertising Age〈Unilever Plans To Cut 800 Marketers As It Slashes Agency Fees, Products〉 2013년 12월 5일 http://adage.com/article/news/unilever-eliminate-800-marketers-globally-cut-launches/245542/

업인 WPP의 주요 광고주다. 그 매출 규모는 포드 모터에 이어 2위. WPP 내에 극심한 긴장감이 흘렀음을 어렵지 않게 상상할 수 있다. 유니레버는 성장률에서 라이벌인 P & G를 앞질렀지만, 2013년에 P & G는 한 차례 은퇴했던 래플리를 CEO로 재임명한다. 이 같은 기사회생책의 결과, 유니레버는 성장률에서 오랜만에 P & G에 패배했다. 이를 계기 삼아 유니레버는 본격 대처에 나선다. 같은 해 12월 열린 투자자 대상 설명회에서는 성장 전략이 아닌 '디지털 활용을 추진하여 기존의 비용을 차차 절감하겠다'고 발표했다. 이어 '현재 비효율적인 미디어 비용(non-working media)'으로 명명하고 광고대행사에 대한 지불을 철저하게 삭감하겠다는 계획을 밝혔다. 글로벌 예산 전체에서 470억 엔을 삭감 달성할 예정이다. 미국의 대형 광고대행사가 1개사 없어지고도 남을 금액이다.

또한, 투자자 대상 발표에서는 '광고 예산에서 디지털예산 비율을 높일 것'이라 언급했다. 지금까지 투자자 설명회에서 이 정도로 구체적인 마케팅 방침을 밝힌 예는 드물었다. 최고마케팅책임자(CMO), 최고기술책임자(CTO) 차원의 발표 사항이 최고기술책임자(CTO)의 발표사항에 근접하고 있는 증거 중 하나일 것이다.

2011년 12%였던 디지털 예산을 2013년에는 15%까지 끌어올려(그림 3) 비용의 효율화를 지향한다. 그 밖에도 자사 제품의 취급 품목수를 재검토하여 수익이 저조한 브랜드를 매각하고, 고객 호응이 높은 상품은 외부에서 사들여 포트폴리오에 편입할 예정이다.

그림 3. 디지털 예산은 지속적으로 확대

3.Embraced Digital:Improved expertise

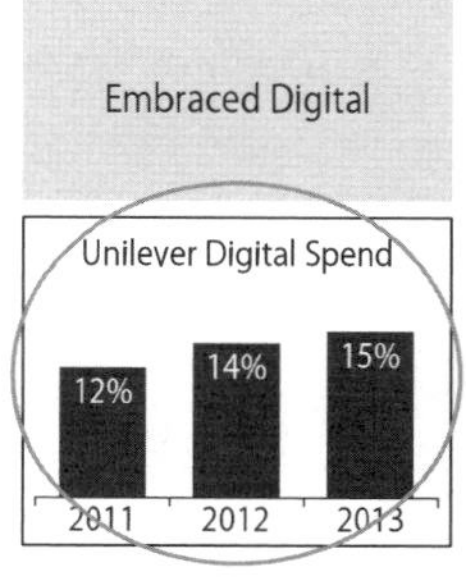

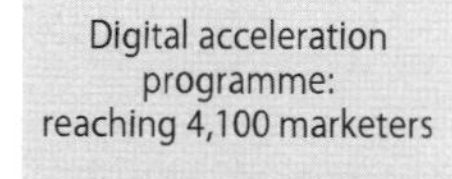

Marketing step up
programme:reaching
7,000 marketers across
55 locations

유니레버 내부의 마케팅 담당자 배치 현황(7000명, 55개 거점)을 일괄 통괄할 수 있는 디지털 시스템을 구축한다. 이에 따라 디지털 예산 비율을 12%에서 15%로 확대했다. (출처 : 유니레버 〈taking Marketing to the Next Level〉 2013년 12월 http : //www.unilever.com/images/ir_Taking-marketing-to-the-next-level_Keith-Weed_tcm13-378844.pdf)

그림 4. 광고대행사 지불 비용은 삭감

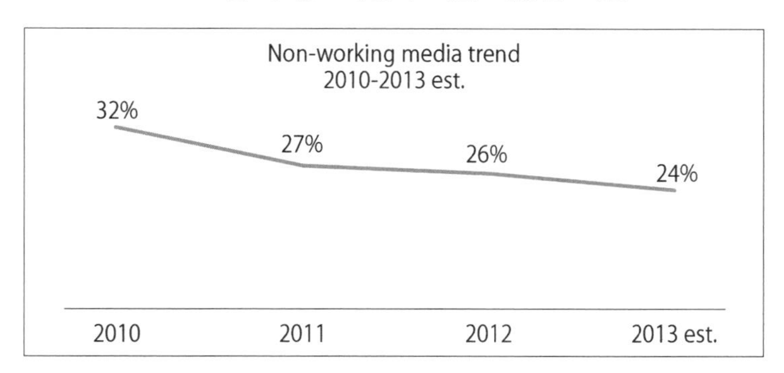

프로덕션에 지불하는 비용을 포함한 광고대행사 지불 비용 'non-working media'는 2012년 9100억 엔 예산 중 26%=2400억 엔 수준까지 감소했다. (2010년에는 8200억 엔 예산 중 32%=2600억 엔 정도였다.) 크리에이티브를 포함한 광고대행사 비용을 'non-working' 비용으로 명명한 부분이 냉정하게 느껴진다. (출처 : 유니레버 〈taking Marketing to the Next Level〉 2013년 12월 http : //www.unilever.com/images/ir_Taking-marketing-to-the-next-level_Keith-Weed_tcm13-378844.pdf)

직격탄을 맞은 WPP의 마틴 소렐 사장은 발표 4일 뒤 'Clients are exceptionally cautious.(광고주는 비용에 대한 경계심이 극심하게 높아진 상태)'라고 〈뉴욕타임스〉에서 밝혔다. 기사 내용에는 'Wage hand-to-hand combat(임금 삭감의 진검 승부)'와 같은 표현도 등장했다[2].

이러한 유니레버의 발표 자료는 일본의 광고주들도 참고할 만하므로, 다운로드를 추천한다. 부디 자신의 눈으로 직접 확인하길 바란다[3].

그림 5. 유니레버의 마케팅 예산 배분 경향

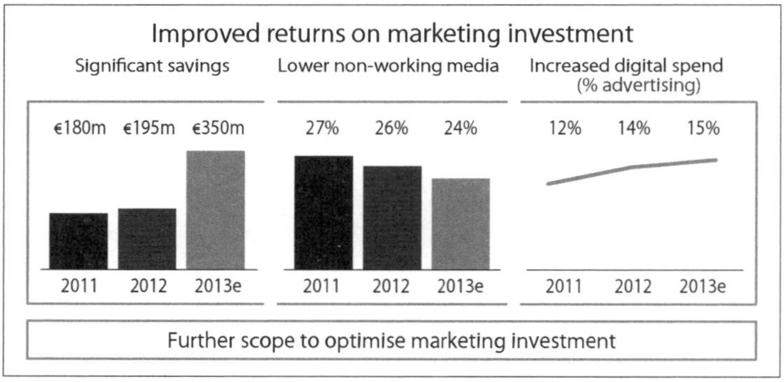

Improved returns on marketing investment

Significant savings

€180m €195m €350m

2011 2012 2013e

Lower non-working media

27% 26% 24%

2011 2012 2013e

Increased digital spend (% advertising)

12% 14% 15%

2011 2012 2013e

Further scope to optimise marketing investment

마케팅 예산 배분이 기재되어 있는 'non-working media'의 비용 비율 축소(가운데)/디지털 예산 비율 확대(오른쪽)/그에 따른 비용 삭감(왼쪽)
(출처 : 유니레버〈The Next Level of Financial Performance〉 2013년 12월 http : //unilever.com/images/ir_The-Next-Level-of-Financial-Performance-Jean-MarcHuet_tcm13-378843.pdf

2) The New York Times 〈WPP Chief Tempers Buoyant 2014 Ad Forecasts〉 2013년 12월 9일 http://www.nytimes.com/2013/12/10/business/media/wpp-chief-tempers-buoyant-2014-ad-forecasts.html

3) 유니레버 〈taking Marketing to the Next Level〉 2013년 12월 http://www.unilever.com/images/ir_Taking-marketing-to-the-next-level_Keith-Weed_tcm13-378844.pdf) 〈The Next Level of Financial Performance〉 2013년 12월 http://unilever.com/images/ir_The-Next-Level-of-Financial-Performance-Jean-MarcHuet_tcm13-378843.pdf

신흥국 시장 진출을 목표로 해야

유니레버와 WPP의 동향을 보면 광고주와 광고대행사의 새로운 관계성을 추측할 수 있다. 유니레버는 글로벌 성장 노선으로 성장률이 높은 신흥국 시장에 직접 진출할 계획을 발표했다. 지금까지의 조직은 '지역 총괄'이 허브가 되고, 거기서 각 지구로 연결되는 체제였다. 이러한 허브를 없애고 본사에서 직접 각국 시장을 파악하는 관리법을 실시하기 시작했다.

공통 플랫폼으로 각국 오디언스 관리, 오퍼레이션 관리가 가능한 체제 구축을 유니레버가 목표로 삼은 만큼, 결과적으로 WPP의 자회사이자 광고 섹션 및 오디언스 데이터를 광고주에 제공하는 기술·서비스 보유 기업인 작시스(Xaxis)는 글로벌 차원의 대처가 시급해졌다.

라이벌사인 P&G는 마찬가지로 애드 테크놀로지 기업인 미디어매스 등의 플랫폼 서비스 도입 실험을 반복하고 있었다. P&G의 광고대행사가 퍼블리시스, 또는 옴니콤에 편중되어 있었던 것이 퍼블리시스·옴니콤 그룹 탄생의 배경이 된다.

전술한 바와 같이 유니레버는 '논워킹 미디어'를 마케팅 예산 전체의 32%(2010년)에서 26%(2012년), 그리고 24%(2013년)까지 축소한다고 발표했다. 2012년 유니레버 전체 마케팅 예산은 9100억 엔이므로, 2012년의 26%로 환산하면 2400억 엔 정도가 '광고대행사 지불 비용'이 된다. 1% 감소의 무게감이 느껴질 것이다. 디지털화에 따른 '허브 배제' 플랫폼에서 '논워킹 미디어'를 삭감하는 경향은 글로벌 광고주 사이에서 빠르게 확대될 것이다.

제4장
재편되는 업계 지도

제4장
재편되는 업계 지도

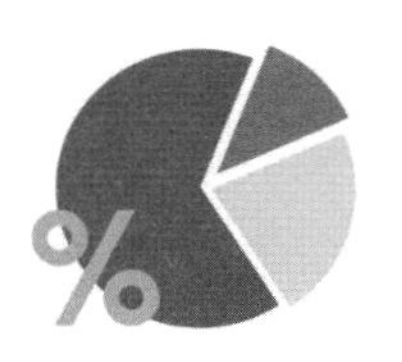

한시가 급하다! 빠르게 재편되는 업계 상황

뉴욕에서 매년 9월 중순에 개최되는 애드버타이징 위크(Advertising Week)라는 행사에 대해 한 번쯤 들어본 분도 많을 것이다. 전 세계의 광고대행사와 광고주, 미디어, 애드 테크놀로지 기업이 한자리에 모이는 광고업계 최대 행사다. 개최 기간은 1주일, 칸 국제광고제(Cannes Lions International Festival of Creativity)에 필적하는 규모로 일본에서 온 출장자들도 대거 참가한다. 2013년 9월은 마침 10주년을 맞이하는 분기점이 되는 때였다.

10년 전인 2004년은 슈퍼볼 하프타임쇼에서 자넷 잭슨의 가슴 노출 사고가 있어 녹화 재생 GRP가 고려되던 해였다[1]. 일본에서는 아테네 올림픽에 출전한 기타지마 선수의 금메달 소식에 들떠 있던 시기다. 온라인

---

1) 위키피디아 〈제38회 슈퍼볼〉 http://ja.wikipedia.org/wiki/%E7%AC%AC38%E5%9B%9E%E3%82%B9%E3%83%BC%E3%83%91%E3%83%BC%E3%83%BC%E3%83%9C%E3%82%A6%E3%83%AB

업계에 눈을 돌려보면 구글이 지메일(Gmail) 서비스 제공을 시작하고, 하버드 대학 학생에만 한정되어 있던 페이스북이 서비스를 개시한 해다. 당시에는 아이폰, 안드로이드, 트위터, 유튜브, 넷플릭스, 클라우드, 태블릿, 위키피디아 등은 아직 등장하지 않았고, TV와 잡지가 미디어의 중심에서 군림하고 있었다.

그림 1. 애드버타이징 위크 10주년 오피셜 가이드북 커버

10주년을 맞이한 애드버타이징 위크의 오피셜 가이드북. 전체 260페이지에 걸쳐 참가기업의 광고가 나열되어 있어 마치 도감 같다.
(출처 : 애드버타이징 위크 http : //www.advertisingweek.com/guide/2013/)

2013년 애드버타이징 위크에 참가한 기업을 살펴보면 10년 전에는 존재하지 않았던 기업이 절반 이상을 차지하고 있다. 리먼 브라더스 사태 이후 광고와 마케팅 업계에서 테크놀로지 보급 및 활용이 진전되어 온 사실은 독자 여러분도 아시는 대로다. 이 같은 흐름은 근래 들어 더욱 빨라져, 한발 앞선 미국과 유럽에서는 '광고업계 재편'과 '글로벌화'의 속도감이 더욱 붙고 있는 인상이다.

광고대행사, 미디어, 애드 테크놀로지의 치열한 공방

광고대행사는 종래형(트래디셔널)과 신규형(디지털)으로 이분화된 양상을 보이고 있다. 광고주는 오디언스 데이터 확보와 디지털 영역에 대한 투자를 추진 중이며, 종래형의 광고대행사를 배제하는 움직임이 눈에 띄게 늘었다. 이 같은 동향은 광고주가 글로벌 마케팅 부문을 일괄 관리하고 효율화하려는 데서 기인한다. 그 여파로 광고대행사에 지불되는 비용은 더욱 삭감되고 있다. 제3장에서 소개한 유니레버의 행보가 그 전형적인 예다.

이 같은 상황에 대한 대책으로, 종래형의 광고대행사 측은 애드 테크놀로지 기업을 흡수 및 합병, 또는 투자함으로써 그들이 지닌 광고 집행 결과 데이터를 서둘러 확보했다. 또한, 미디어 측에 접근해 프리미엄 광고 게재 섹션을 독점하기도 했다.

흡수 및 합병의 흐름은 덴츠가 이지스를 인수한 데서 그치지 않고, 마침내 세계 광고업계 2위인 옴니콤과 3위 퍼블리시스의 거대한 합병을 탄생시켜 업계 1위에 군림하고 있었던 WPP를 넘어서기에 이르렀다[2]. 데이터 확보 경쟁에서 맞닥뜨릴 다음 라이벌들은 구글과 페이스북, 컨설팅 기업이 될 것이다.

한편, 미디어 측은 자사의 광고 재고(인벤토리)를 어떻게 수익으로 연결시키느냐를 두고 머리를 싸매고 있는 상황이다. 애드 테크놀로지 기업과 광고대행사는 기존의 '수주'에 더해 '자동 매매'에 대한 광고 섹션 개방을 요구하고 있다. 특히 애드 테크놀로지 기업은 공급자 측 구매 시스템(SSP · Supply side Platform)이라는 미디어 수익화를 지원하는 '연금술'을 제안하여 광고 섹션 제공을 압박하고 있다.

---

2) 로이터 〈프랑스 퍼블리시스와 미국 옴니콤이 합병, 세계 최대 광고대행사 탄생〉 2013년 7월 29일 http://jp.reuters.com/article/topNews/idJPTYE96R01920130728
하지만 이후 두 그룹 간의 문화 차이와 세금 문제로 합병이 취소되었다.(역자 주)

애드 테크놀로지 기업은 광고대행사와의 거래에서 한발 더 나아가, 앞으로도 광고주 측과 '직접 거래'를 확대하여 벤처 캐피털의 요망을 충족하는 매출 성장을 지향할 것이다.

그리고 미국과 유럽발 애드 테크놀로지 기업은 국경을 초월하여 글로벌 매출 성장을 전망하고 있다. 수익을 따져보면 사실 적자인 기업도 많다. 그렇기에 매출 신장으로 기업 가치를 증대시켜 매각에 의한 회복을 기대하는 것이다. 링크드인, 페이스북, 트위터 등은 상장을 선택했지만, 인수되는 경우도 많다. 애드 테크놀로지 업계의 경쟁은 실로 치열하다. 이러한 세대교체가 지금까지의 광고업계로 파급되어, 현재 말 그대로 업계의 지도를 재편하는 세력으로 자리 잡고 있다.

본 장에서는 미국의 최신 흐름에 대해 언급하면서 광고업계가 이제부터 어디로 향하게 될지 고찰하려 한다. 최근 업계에 흐르는 열기를 전달함으로써 일본의 미래를 생각하는 데 도움이 된다면 기쁠 것이다.

세계 2위와 3위가 이룬 세기의 합병

덴츠의 이지스 인수를 한순간에 잠재워 버린 뉴스가 바로 2013년 이루어진 옴니콤과 퍼블리시스의 초대형 합병 드라마다. 일본에서는 아직껏 강 건너 불구경 정도로 보고 있어 안타까울 뿐이다. 일본 기업으로 바꾸어 '덴츠와 하쿠호도의 합병', '요미우리와 아사히의 합병'에 가까운 엄청난 뉴스라고 설명하면 충격의 파장 규모가 전해질까 싶다. 이번 합병으로 미국 네트워크 TV의 광고 취급고 중 7할을 퍼블리시스·옴니콤 그룹이 취급하게 된다. 각각의 주된 산하기업은 다음과 같다.

• **퍼블리시스 산하**
Leo Burnett, Saatch & Saatchi, DigitasLBi(디지털), Razorfish(디지털), Starcom MediaVest(미디어), ZenithOptimedia(미디어), MSL(PR)

• **옴니콤 산하**
DDB, BBDO, TBWA, FleishmanHillard(PR), Ketchum(PR), OMD(미디어), PHD(미디어)

대변혁의 본질을 자신만의 언어로 말할 수 있는 '어르신'들

'퍼블리시스 · 옴니콤 그룹 탄생의 여파가 어디까지 미칠 것인가'에 대해 필자 나름대로의 시각으로 설명해 보겠다. 이번 퍼블리시스 · 옴니콤 그룹 합병조차도 디지털화와 글로벌화의 여파에서 발생한 2차 현상이며, 그들의 판단 과정은 상당한 참고가 됨과 동시에 흥미롭기도 하다.

옴니콤 회장은 62세, 퍼블리시스 회장은 72세다. 글로벌 지주회사라고는 해도 테크놀로지 계열의 스타트업 기업 경영자임을 감안하면 어엿한 '어르신'이다. 여담이지만 WPP의 마틴 소렐 회장도 69세. 기운 넘치는 이 연장자들에게는 그저 감탄할 뿐이다.

그럼에도 그들은 디지털화와 글로벌화라는 트렌드를 감지하고 그 본질을 정확하게 자신만의 언어로 설명할 수 있다. 앞날을 내다보고 끊임없이 배우며, 나아가 행동으로 옮길 수 있는 인물임을 일련의 흡수 합병에서 엿볼 수 있다. 일본의 광고대행사 경영자들 가운데 디지털화와 글로벌화의 본질을 말할 수 있고 변혁의 의미를 이해하여 행동으로 옮길 수 있는 인물이 몇이나 될까.

'너무 비싸' 발언으로 소문은 끝

업계에서는 곧 이어질 인수가 어디일지에 대한 소문이 퍼지고, 업계 1위 자리를 빼앗긴 WPP가 업계 4위인 인터퍼블릭 그룹을 인수하여 반격하지 않을까 하는 억측이 떠돌았다. 그 덕택에 인터퍼블릭 그룹과 WPP의 주가는 일시적으로 상승했으나, 마틴 소렐 회장의 '인터퍼블릭 그룹의 주가가 너무 비싸다'라는 발언으로 가까스로 진정되었다. 인수 및 합병 이야기가 나오면 어느 업계에서든 '인수 프리미엄의 타당성(퍼블리시스 · 옴니콤 그룹은 대등 합병이므로 인수 프리미엄은 없다)'과 같은 숫자부터 '시너지 효과가 있을 것인가? 기업문화는 잘 맞을까?'와 같은 합병 후 운용 부분에 이르기까지 화제가 된다. 이번처럼 거대한 규모의 합병 건쯤 되면, 업계 관계자들 사이에서 가장 뜨거운 화제는 '코카콜라, 펩시콜라와 동시에 거래할 수 있는가?'라는 1업종 1사제, 동종 업계 경쟁 광고주 등의 요소를 배제한 이야기다. 실제로 옴니콤과 퍼블리시스는 각 업종의 최고 기업들과 거래하고 있다. 예를 들어 보자.

- **음료** : 펩시콜라(옴니콤/TBWACHIATDAY)와 코카콜라(퍼블리시스/Leo Burnett)
- **자동차** : Nissan, Volkswagen, Mercedes-Benz(옴니콤), General Motors, Toyota(퍼블리시스)
- **텔레콤** : AT & T(옴니콤), Verizon Wireless(퍼블리시스)

이와 같은 사태에 대하여 동종 업계 경쟁사 사이에서 견제하는 논의가 자주 이루어졌지만, 실제로 대형 광고주가 이동하는 사건으로는 발전하지 않았다.

규모 확대는 무엇을 의미하는가

"규모가 최고가 되면 슈퍼볼이나 그래미상의 협상 자리를 가장 먼저 확보할 수 있다." 앞으로의 사업 전개에 대해 옴니콤의 존 렌 회장은 상투적인 예를 들어 대답했다. 이번 합병은 방송 이후 30개월간 존 렌과 퍼블리시스 회장인 모리스 레비가 공동 경영자를 맡고, 이후 렌이 CEO 자리를 이어받기로 계약했다.

WPP가 '그룹 M'을 결성하여 산하의 미디어 플래닝/바이잉 회사를 한데 묶은 것처럼, 또는 하쿠호도, 다이코(大広), 요미우리 광고사의 미디어 부문이 집결하여 하쿠호도 DY미디어 파트너즈가 설립된 것처럼, 퍼블리시스·옴니콤 그룹 역시 향후 산하 미디어 플래닝/바이잉 회사인 제니스 옵티미디어, 스타콤 미디어베스트(퍼블리시스)와 OMD, PHD(옴니콤)을 일괄 관리하여 구매 파워를 증강하는 움직임도 가정할 수 있다. 이러한 규모 확대가 무엇을 의미하는지, 어느 정도의 사건인 것인지 설명해 보겠다.

※ 본서는 프랑스 퍼블리시스 그룹과 미국 옴니콤 그룹의 합병을 전제로 하여 집필했습니다.
2014년 5월 8일에 발표된 합병 취소 뉴스에 대한 견해는 '미국 옴니콤과 프랑스 퍼블리시스, 합병 취소가 시사하는 것 《광고 비즈니스 향후 10년》 출간 직전 업데이트'(MarkeZine, http://markezine.jp/article/detail/19935)에서 언급했으므로 함께 확인해 주시기 바랍니다.

‘디지털 구획’이 순위의 관점을 바꾸다

그림 2는 ‘애드버타이징 위크’가 2012년 발표한 데이터를 토대로 만든 세계 광고대행사 순위다.

이러한 숫자 합산까지는 각종 언론보도를 통해 잘 알려져 있는 사실이다. 하쿠호도DY 매출총이익의 약 10배에 달하는 기업의 탄생이다. 지금까지의 관점으로 본다면 이 순위는 분명 3위+2위=1위의 역전극으로 보일 것이다.

그림 2. 광고대행사 매출액총이익 순위(전 세계)

	회사명	매출총이익(전 세계)
	퍼블리시스 옴니콤 그룹	2조 2,700억 엔
1	WPP	1조 6,500억 엔
2	옴니콤	1조 4,200억 엔
3	퍼블리시스	8,500억 엔
4	인터퍼블릭 그룹	7,000억 엔
5	덴츠(이지스)*	6,400억 엔
6	Havas	2,300억 엔
7	하쿠호도DY	2,200억 엔
8	Alliance Data Systems Corp.'s Epsilon	1,200억 엔
9	MDC Partners	1,100억 엔
10	Experian Marketing Services	900억 엔

Advertising Age DataCenter ‘World’s 50 Largest Agency Companies’ 2012
http://adage.com/datacenter 를 토대로 작성 (* 표시는 인수 기업과의 합산 추정치. 1달러=100엔으로 환산. 이후 기재되는 그림 및 표도 동일함)

그러나 합병의 근본적인 이유 중 하나인 '디지털미디어&콘텐츠' 취급고로 보면 전혀 다른 순위가 눈에 들어온다. 구글이나 페이스북, 야후 등과 같은 플랫폼 서비스를 제공하는 기업도 어엿한 디지털 마케팅 서비스 제공사이며, 여기에 텔레콤 기업과 애플까지 포함한 결과가 그림 3이다. 광고는 미디어 주변 사업으로 자리 잡고 있다.

그림 3에서 디지털화에 뒤쳐졌던 옴니콤과 디지털화에는 적극적이었지만 규모가 작았던 퍼블리시스의 합병은, 처음부터 디지털로 완벽하게 전환하려는 목표를 내걸었던 광고업계 세계 1위인 WPP에 필적할 만한 수준임을 알 수 있다. 순위 상위에 위치하고 있는 구글과 차이나 모바일, 블룸버그 등에는 전혀 미치지 못한다.

퍼블리시스 옴니콤 그룹의 직원은 합산하면 약 13만 명 규모로, 페이스북의 약 6,000명(2013년 말 기준), 구글의 약 4만 7,000명(2013년 말 기준)과 비교하면 비즈니스 모델에 차이가 있음을 감안해도 얼마나 효율이 떨어지는지 알 수 있다. 덧붙이자면 WPP는 2012년 말 시점에서 약 16만 5,000명이다. '거대'하다거나 '1위'라는 것은, 어디까지나 광고업계 안에서만 통용되는 잣대에 불과하다.

그림 3. 세계 디지털 미디어&콘텐츠의 취급고 순위

	기업명	분야	디지털 미디어 부문 수익
1	구글	정보검색	3조 6,400억 엔
2	차이나 모바일	통신 텔레콤	7,580억 엔
3	블룸버그	비즈니스 정보	7,000억 엔
4	리드 엘스비어	비즈니스 정보	5,930억 엔
5	애플	다양화 디지털	5,400억 엔
6	야후	다양화 디지털	4,990억 엔
7	WPP	광고	4,710억 엔
8	톰슨 로이터	비즈니스 정보	4,710억 엔
9	텐센트	다양화 디지털	4,460억 엔
10	마이크로소프트	다양화 디지털	3,930억 엔
11	페이스북	소셜미디어	3,680억 엔
12	소니	다양화 디지털	3,380억 엔
13	피어슨	비즈니스 정보	3,140억 엔
14	덴츠	광고	2,900억 엔
15	옴니콤	광고	2,780억 엔
16	차이나 텔레콤	통신 텔레콤	2,650억 엔
17	바이두	정보검색	2,300억 엔
18	퍼블리시스	광고	2,190억 엔
19	넷플릭스	비디오	2,010억 엔
20	뉴스 코퍼레이션	다양화 디지털	1,900억 엔

paidContent 〈paidContent 50 : The World's most successful digital media companies〉 2012년 7월 31일 http://paidcontent.org/2012/07/31/pc50/을 토대로 작성함)

업계 재편의 흐름을 만든 리더들

이 같은 업계 재편의 흐름을 만들어낸 인물은 과연 어떤 사람들일까.

퍼블리시스의 디지털화는 일찍부터 시작되었다. CEO인 모리스 레비의 개성과 특징에서 기인했다고도 볼 수 있겠다. 퍼블리시스는 한때 덴츠와 자본 제휴를 맺은 적도 있어, 덴츠 사내에도 레비를 존경하는 팬이 여전히 남아 있다.

레비는 과거 외과의사를 꿈꾼 적도 있는 전형적인 이공계 인물로, 퍼블리시스 입사 당시의 직함은 (요즘 용어로) IT 디렉터. 자기(磁氣) 데이터 백업을 사내에서 추천하곤 하던 인물이었다. 파리 본사에 화재가 발생했을 때, 자기 데이터 백업 덕택에 1주일 만에 회사 업무를 정상으로 돌려놓아 퍼블리시스 창업자에게 능력을 인정받았다는 일화도 있을 정도다[3].

1987년 사장에 취임한 이후 디지털 분야에 적극 진출하여 레이저피시(Razorfish · 당시 가치로 환산하여 약 3,100억 엔에 인수)를 시작으로 로제타(Rosetta), LBI, 로칸(Rokkan) 등 디지털 영역에 강한 유력 광고대행사를 차례로 인수했다. 과감한 리더십과 선견지명을 지닌 레비의 과제는 '나이'다. 2014년이면 72세를 맞이하지만 이렇다 할 후계자를 그룹 내에서 찾지 못한 것이 이번 옴니콤과의 협상으로 이어졌다는 관측이다. 무엇보다 프랑스 기업으로 글로벌화에 성공한 점만 보아도 대단한 리더인데, 미국의 블루칩(블루칩이란 미국 주식시장에서 거래되는 우량 주식 종목 기업임을 가리킴)인 옴니콤과 인수 프리미엄 없이 합병 협상이 가능했던 점을 생각하면 과연 놀라운

---

3) 위키피디아 〈Maurice Levy〉 http://en.wikipedia.org/wiki/Maurice_L%C3%A9vy_(Publicis)

의지와 아이디어의 소유자다.

한편, 옴니콤의 존 렌은 2014년에 62세가 된다. 아서 앤더슨(Arthur Andersen)의 컨설턴트에서 독립 사업주, 복합 기업(conglomerate)의 재무부장을 거쳐 DDB가 니덤(Needham)과 통합했을 때 광고업계로 옮겼다. 그 뒤 BBDO와의 통합, TBWA 흡수 이후 1997년 사장에 취임하여 옴니콤의 전성기를 일구었다.

창업과 컨설턴트라는 배경이 광고업계에서 '비주류'로 취급받는 경우가 당시에는 존재했다. 그러나 광고대행사 각사의 특징과 개성을 전면에 내세우고, 자신은 이를 총괄하는 지주회사의 수장으로서 후방 지원하여 성장시키는 그의 수완은 특출났다[4].

글로벌 규모의 홀딩 기업 경영자로서 서로 다른 성향을 지니면서도, 두 사람 다 10년 이상 CEO를 역임한 실력자들이다.

디지털 흡수에 뒤쳐진 옴니콤

그런데 디지털화 추진에서는 레비가 판정승을 거두었다. 산하의 종래형 광고대행사에 업무를 일임했던 렌의 결정은 옴니콤이 점차 디지털 분야에서 뒤처지게 되는 사태를 초래했다.

2011년 투자자 발표회에서는 '디지털'이라는 단어를 언급한 횟수가 옴니콤 11회, WPP 44회, 퍼블리시스 36회였다고 〈애드버타이징 에이지〉가 밝힌 적도 있을 정도다.[5] 트레이딩 데스크에 애널렉트

---

4) Encyclopedia of World Biography 〈President and Chief Executive Officer of Omnicom John Wren〉 http:/www.notablebiographies.com/newsmakers2/2007-Pu-Z/Wren-John.html
5) Advertising Age 〈Why Omnicom Opts Out of Digital Spotlight〉 2011년 9월 19일 http://adage.com/article/agency-news/2-ad-company-omnicom-opts-digital-spotlight/229844/

(Annalect)를 설치한 것(2010년 10월)도 퍼블리시스가 비바키(VivaKi)를 설치(2008년)하고 나서 상당히 뒤의 일이었다. 실제로 디지털 영역에 강하다고 알려진 광고대행사 상위권을 보아도 2011년 시점에서는 퍼블리시스, WPP, 인터퍼블릭 그룹 계열사와 IBM 인터랙티브(IBM Interactive) 등의 독립회사들로 채워져 있었다.(그림 4) Rapp이 순위에 올라 있는데 종래형 광고대행사의 '스핀오프(spinoff · 분사)'로 여겨지는 존재로서, 산하의 디지털 영역에 강한 회사란 그 정도에 불과했다.

그림 4. 미국의 디지털 영역에 강한 광고대행사 순위(2011년 기준)

AGENCY	HOLDING CO.	U.S. REVENUE (IN MILLIONS)
1. Digitas	Publicis	$502.2
2. SapientNitro	Sapient Corp.	$350
3. OgilvyInteractive	WPP	$340
4. Razorfish	Publicis	$337
5. Wunderman	WPP	$312
6. DraftFCB	Interpublic	$300
7. IBM Interactive	IBM Corp.	$233.6
8. Rosetta	Publicis	$218.4
9. Rapp	Omnicom	$195.8
10. R/GA	Interpublic	$75

(출처 : Advertising Age 〈Why Omnicom Opts Out of Digigal Spotlight〉 2011년 9월 19일 http : //adage.com/article/agency-news/2-ad-company-omnicom-opts-digital-spotlight/229844/)

디지털 분야, 특히 테크놀로지 분야에서 자연 발생적으로 광고대행사 내부에 사업 기반이 탄생하기란 어려운 일이다. 지금은 인수와 같은 수단을 써서 얼마나 외부로부터 끌어올 수 있는지가 기본 과제가 되었다. 테크놀로지 기업이나 컨설팅 회사가 광고대행사를 인수하여 시장에 진출하는 사례까지 등장했다. 이와 같은 조류 속에서, 옴니콤은 오직 각 사업회사에 '자치권'을 부여하고 개별 성장을 지원하는 방안인 'Build, not buy'를 관철해 왔다. 2011년부터 현재까지도 종래형 광고대행사가 디지털 영역으로 스핀오프하면서 성장을 이루었다.

• 옴니콤의 디지털 스핀오프. 종래형 광고대행사가 디지털 영역에 진출한 예
DDB=Rapp.Tribal
BBDO=Organic, Proximity

인수를 통해 발전을 지속하고 있는 WPP와 퍼블리시스에 비해 명백하게 성장이 늦어져 현 상태에 안주하는 분위기가 양날의 칼이 되었다. 이러한 '현재로서는 수익을 보고 있으며, 자연스러운 방향으로 나아갈 것'이라는 사고방식을 일본의 광고대행사도 똑같이 가지고 있는 건 아닐까.

퍼블리시스 옴니콤 그룹의 성립은 분명 '디지털 부문 추진 및 데이터 통합 플랫폼 구축'을 위한 합병이지만, 확실한 방향성과 시책을 표명하려면 각국 당국의 승인 과정을 2014년 중반 예정된 '합병 완료'까지 기다려야 한다.

그 사이 일본 시장에서 영향력이 높은 WPP와 덴츠의 움직임이 활발해질 것으로 예상된다. WPP의 마틴 소렐, 덴츠 이지스 네트워크의 팀 안드레는 퍼블리시스 옴니콤 그룹의 전략에 대해 한 목소리로 “광고주에 대한 메리트 없어” “인재 유출이 빠르게 늘 것”이라 지적, 견제하고 있다[6]. 실제로 일본 시장에 있어서 퍼블리시스 옴니콤 그룹 탄생의 여파는 덴츠와 WPP를 통해 야기될 가능성이 매우 높다.

WPP와 덴츠의 행보

옴니콤과 퍼블리시스가 합병하게 된 직접적인 계기는, WPP의 동향과 덴츠가 이지스를 인수한 데 따른 영향이 크다. 퍼블리시스 옴니콤 그룹이 구체적인 전략을 밝히지 못한 것과는 대조적으로 WPP와 덴츠는 적극적인 움직임을 보이고 있다.

WPP가 디지털 영역에 진출하는 발단이 된 해가 2007년이었다. 마이크로소프트와의 경쟁에서 승리하여 광고 집행 관리 기술과 검색 마케팅 지원 서비스 등을 제공하고 있던 24/7 미디어(24/7 Real Media)를 약 649억 엔으로 인수한 것이 시작이었다[7]. 그 해는 광고 집행 기술과 애드 익스체인지(AD Exchange · 디지털 광고 거래소)를 보유한 기업의 인수가 잇따랐다. 구글이 약 3,100억 엔으로 더블클릭을, 야후는 약 680억 엔으로 라이트미디어를 인수한 데서 보더라도 WPP의 인수는 동사에 있어 중요한 한 걸음이었다[8].

6) Bloomberg 〈Wpp, Dentsu Circle for Business From Publicis-Omnicom Merger〉 2013년 11월 22일 http://www.bloomberg.com/news/2013-11-21/wpp-dentsu-circle-for-new-business-from-publicis-omnicom-merger.html
7) ITpro 〈대형 광고대행사 WPP, 디지털 마케팅 기술의 24/7 미디어 인수에 합의〉 2007년 5월 18일 http://itpro.nikkeibp.co.jp/article/NEWS/20070518/271457/
8) MarkeZine 〈구글이 더블클릭을 인수한 4가지 이유〉 2007년 6월 28 http://markezine.jp/article/detail/1384
ITmedia 뉴스 〈Yahoo!, 온라인 광고 옥션의 Right Media 인수〉 2007년 5월 1일

또한, 최근에는 덴츠 그룹의 비약이 두드러졌다. 미국 광고대행사 맥개리 보웬과 디지털 부문 광고대행사 360i를 인수한 데 이어 이지스를 약 4,000억 엔으로 인수하여 세계 광고대행사 순위 5위권 내에 이름을 올렸다. WPP와 덴츠는 어떠한 전략을 구상하고 있는 것일까.

세계 진출을 노리는 'Dentsu'

2013년 6월 덴츠는 이지스 인수에 필요한 각종 절차를 완료했다고 발표했다[9]. 인수 총액은 약 4,000억 엔. 45%의 프리미엄을 더한 인수였다. 2012년 인수 발표 때 각 미디어는 이를 '놀라운 뉴스'로 일제히 보도하고, 여타 일본 기업의 인수 사례와 비교하느라 바빴다. 필자는 이번 사건이 방아쇠가 되어 2014년 이후에 일본 광고업계가 새롭게 개막할 것으로 기대하고 있다. 경의를 표하는 마음으로 현재의 동향을 살펴보려 한다.

과거 덴츠는 해외 기업과의 사업이 원활하지 못했다. 영 앤 루비컴, 하바스, 레오 버넷/Bcom3, 그리고 퍼블리시스와 긴 역사 속에서 수 차례 제휴와 철회를 반복해온 경위는 주지의 사실이다.

퍼블리시스와의 제휴 시절은 Bcom3에 21%를 출자(약 501억 엔 출자)한 데 이어 Bcom3가 퍼블리시스에 통합된 시점으로, 신규 회사에서 15%의 의결권을 획득하기 위해 약 660억 엔의 추가 투자를 실시하였다. 단순 출자액은 합계 약 1,150억 엔에 달했다[10]. 이번에는

---

http://www.itmedia.co.jp/news/articles/0705/01/news015.html

9) 덴츠 뉴스 릴리스 〈영국 이지스사 인수 이후의 덴츠 그룹 조직체제〉 2013년 6월 6일 http://www.dentsu.co.jp/news/topics/2013/0606-001822.html

10) 덴츠 뉴스 릴리스 〈프랑스 퍼블리시스사 주식 취득에 관하여〉 2002년 9월 25일 http://v4.eir-parts.net/v4Contents/View.aspx?cat=tdnet&sid=57142#page=1

당시의 약 4배인 4,000억 엔대에 이르는 만큼 리스크도 크다. 덴츠를 비롯해 지금까지 성사된 일본 기업의 제휴 및 인수와 금번의 덴츠가 다소 다른 점은, '해외 표준' 문화를 사내에 적용하려는 의도가 있었던 것이라고 필자는 생각한다.

구체적으로는 덴츠의 첫 외국인 대표이사로 취임한 팀 안드레의 존재감이 크다. 키가 2미터를 넘는 전 시카고 불스 프로농구 선수. 그 풍모도 인상적이지만 도요타 자동차, 캐논 아메리카 등 일본 기업에서의 근무 경험도 지녔다. 덴츠 이지스 네트워크 회장(executive chairman)에 취임한 후로는 미국과 유럽 미디어가 요청한 인터뷰에 'Dentsu'의 일원으로서 응하고 있다. 구미 광고대행사 사이에서는 이미 그가 광고대행사 빅5 중 하나인 덴츠의 사령탑이라고 착각하는 경우도 있을 정도다[11].

덴츠 전체로 보면 안드레의 직위는 지주회사의 경영자가 아니라 대표이사이지만, 미국과 유럽에서 뚜렷한 존재감을 지닌 덴츠 이지스 네트워크의 최고경영자다. 언젠가 안드레가 지주회사의 경영자로 승격될 가능성도 높을 것이다.

안드레가 덴츠 아메리카의 경영자로 취임한 뒤부터 덴츠의 인수를 향한 발걸음도 빨라지고 있다. 2007년 아틱, 2008년 맥개리 보웬, 2010년 360i, 2011년 퍼스트본, 2012년 캐나다의 보스, 브라질의 LOV와 인도의 탭루트, 그리고 2013년에는 PR 회사인 미첼 커뮤니케이션 그룹을 차례로 인수했다[12].

안드레는 결코 혜성처럼 등장한 인물이 아니다. 2006년 덴츠 아메

---

11) Advertising Age 〈Tim Andree Takes Dentsu to New Heights〉 2012년 4월 2일 http://adage.com/article/news/tim-andree-takes-dentsu-heights-powering-push-west/233859/

12) 덴츠 뉴스 릴리스 http://www.dentsu.co.jp/news/release/

리카에 입사한 그에게, 미국 법인의 관리직으로 활약시킬 토대를 마련해 줄 의사가 덴츠에 있었다고 추측할 수 있다.

경영인에 걸맞은 인물이란 역시 목표 시장에 정통하면서도 유능한 직원들을 통솔할 수 있는 역량을 갖추어야 한다. 덴츠라고 해서 무조건 일본인을 기용해야 할 필요는 없다. 더 직설적으로 말하자면, 아시아적, 일본적인 사고방식을 고집하면서 미국과 유럽의 비즈니스맨들을 관리하기란 불가능에 가깝다.

그림 5. 2007년 덴츠의 해외 사업 전략(2007년 5월 기준)

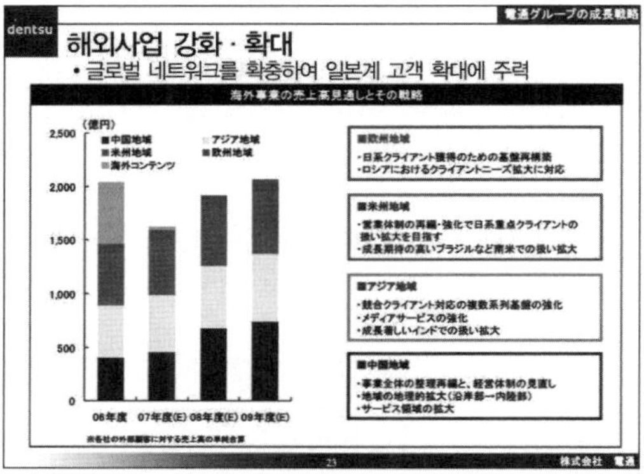

'글로벌 네트워크를 확충하여 일본계 고객 확대에 주력'이라는 내용이 23페이지에 걸쳐 기재되어 있다. 이러한 논리는 이제 통용되지 않는다. (출처 : 덴츠 〈2006년도까지 덴츠 그룹이 이룩한 성과와 향후 성장 전략〉 2007년 5월 14일 http : //www.dentsu.co.jp/ir/data/pdf/2007EAPREJ2.pdf)

그림 6. 2013년 덴츠 해외 사업 전략

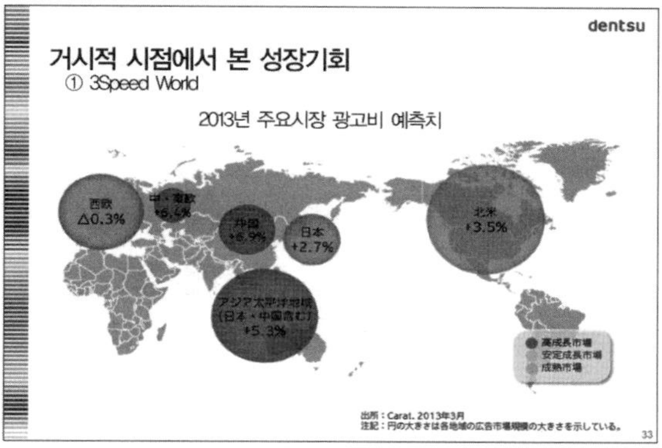

그림 속 숫자와 원의 크기가 덴츠의 의도를 나타내며 '세계 어디에서 성장을 계획하고 있는지' 엿볼 수 있다. (출처 : 덴츠 〈Dentsu 2017 and Beyond〉 2013년 5월 17일 http : //www.dentsu.co.jp/ir/data/pdf/2013EAPREJ2.pdf)

덴츠의 오퍼레이팅 모델

덴츠가 내걸고 있는 '오퍼레이팅 모델(Operating model · 회사 운영 기준)'은 단적으로 말해 미디어를 좌지우지하는 것이라고 느끼는 독자들도 많을 것이다. 창업 이후 덴츠가 관철해온 모델이자, 미디어 구매에 탁월한 광고대행사로서 이지스가 세계에 표방한 모델이기도 하다. 이 같은 의미에서 공감 상승 효과가 작용한다.

덴츠의 방식은 인수라는 수단을 사용하면서도, 결코 구미식으로 '각 회사를 지주회사 산하에 두고 제각기 독자적으로 움직이게' 하는 것이 아니라 광고주에게 이득이 될 하나의 광고대행사로서 기능하게 하려는 의지가 돋보인다.

그림 7. 2013년 주가 추이

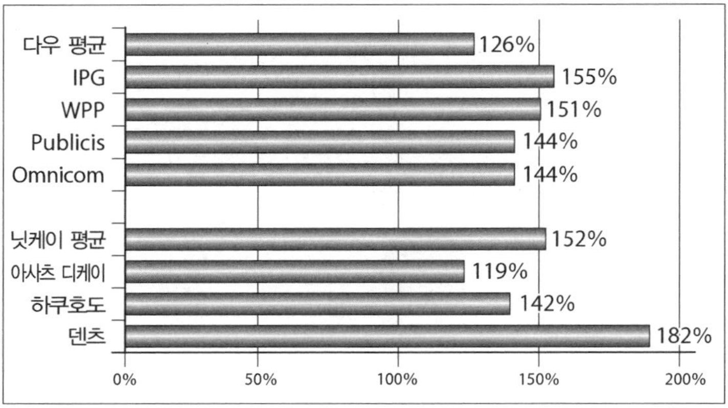

구분	주가 상승률
다우 평균	126%
IPG	155%
WPP	151%
Publicis	144%
Omnicom	144%
닛케이 평균	152%
아사츠 디케이	119%
하쿠호도	142%
덴츠	182%

0% 50% 100% 150% 200%

1월 연초를 100으로 한 경우의 주가 상승률. 연초 종가와 연말 종가를 토대로 필자가 계산한 것이다.

한편, 미국과 유럽에서는 WPP, 퍼블리시스 옴니콤 그룹을 필두로 지주회사 산하에 독립된 회사를 거느린다. 그 독립된 회사는 '사일로(Silo)'라고 표현한다. 사일로란 목장 등의 풍경에서 볼 수 있는 세로로 길쭉한 목초 저장고다. 그 형태에 비유해 '조직의 업무 과정 및 시스템이 타 부문과 연계되지 못하고 홀로 기능하여 고립되는' 상태를 의미한다. 이를 두고 "사일로란 키스와 펀치를 주고 받는(때로는 사이 좋고, 때로는 경쟁하는) 사이"라고 말한 이가 WPP의 소렐이다. 그야말로 소렐다운 표현이다.

사일로끼리의 시너지 효과는 초대형 광고주의 안건 이외에 좀처럼 없으며, 광고주 획득은 기본적으로 단독 사일로로 대응한다. 그리고 손익분기는 각각의 사일로가 별도로 계상하는 것이 지주회사의 경영 방식이다. 덴츠의 방식은 구미식과는 선을 긋고 있음을 알 수 있다.

덴츠라는 지주회사 산하에 신규 회사인 '덴츠 이지스 네트워크'를 설립. 런던에 본사 사무실을 열고 글로벌 사업을 전개함에 있어 베스트 인 클래스(Best in Class · 해당 업종이나 직종에서 최고 수준의 인재. 또는 이를 모은 그룹의 총칭)로 꼽히는 광고대행사를 '부서'로 배치했다.

에이전시 오브 더 이어(agency of the year)에 3년간 2차례나 선정된 맥개리 보웬도 덴츠 이지스 네트워크의 '부서'로서 기능한다. 이외에도 글로벌 규모의 광고 플랫폼인 앰플리파이, 디지털 영역에 강한 360i, 퍼스트본, 마케팅 데이터 활용 · 분석의 데이터 투 디시전, PR 영역의 미첼 커뮤니케이션 그룹 등을 거느리고 있다. 이들이 제 기능을 다한다면 놀라운 경쟁력을 갖추게 될 것이다[13].

이러한 덴츠의 행보를 흉내낼 수 있는 광고대행사는 일본에 존재하지 않는다. 그러나 그 움직임의 의도를 파악하여 자신에 맞게 바꾸어 생각하는 것은 가능한 일이다. 언제까지나 일본에서만 통용되는 사고방식에 갇혀 있어서는 안 된다.

인사 정책도 글로벌화

인사에 관련해서도 언급해 본다. 현재의 움직임을 강화하려면 인재를 적재적소에 배치함은 물론, 글로벌 규모로 전사적 노력을 기울여 인재 확보에 나설 필요가 있다. 덴츠맨조차 깨닫지 못하고 있는 듯하지만, 매년 일본의 취업 준비생들 가운데 대졸 신입사원을 채용하는 것은 '도쿄사무소'만의 국지적인 관례가 되고 있다.

현재 활약 중인 인재라 할지라도 새로운 기준에 따라 적재적소라

---

13) 덴츠 웹 사이트 글로벌 네트워크 페이지 http://www.dentsu.co.jp/global/

판단되는 곳에 교체되기도 한다. 시장을 읽는 통찰력이나 기술을 지닌 인재가 제 위치를 찾아가는 과정이 될 것이다. 가령 덴츠의 경우에도 '덴츠냐 덴츠 이지스 네트워크냐'와 같은 단순히 두 회사 간에 교체되는 것이 아니라, 다채로운 색상의 덴츠 명함처럼 다양한 판단 아래 인사가 추진될 것으로 본다.

물론, 덴츠 이지스 네트워크의 임원 인사는 일본 위주의 인재풀에서 이루어지지 않는다. 상임 임원 9명 가운데 일본인은 2명뿐이다.(2014년 4월 기준) 회의에서 영어를 사용하겠다며 거창하게 발표할 필요도 없다. 공용어는 당연히 영어다.

디지털 시대, 선두를 질주하는 WPP

WPP의 디지털화를 향한 움직임이 가속화하고 있다. 2012년 시점에서 이미 총이익 중 34%가 디지털이었고, 향후 5년 동안 45%로 끌어올릴 계획이라고 한다[14]. 다른 경쟁사들이 다소 과장된 수치를 내건 가운데 매우 설득력 있는 수치를 목표로 하고 있다. 자사의 현재 위치와 목표를 숙지하고 있는 합리적인 발표다. WPP의 전략을 살펴보도록 하자.

---

14) WPP 〈Digital Investor Day〉 2013년 6월 4일 http://www.wpp.com/~/media/investor/1-introduction.pdf theguardian 〈WPP sets target for 45% of revenues to come from digital sources〉
2013년 8월 13일 http://www.theguardian.com/media/2013/aug/13/wpp-revenues-digital-martin-sorrell

작시스는 마틴 소렐의 기본 전략

2013년 말 WPP는 산하의 작시스(Xaxis)와 24/7[15] 미디어를 통합한다고 발표했다.

작시스는 (외부에서 봤을 때) WPP 내부의 트레이딩 데스크로 통하는 회사다. 광고 섹션과 오디언스 데이터를 '구입하여' 광고주에게 제공하는 기술 및 서비스를 보유하고 있다. 한편, 2007년에 인수한 24/7 미디어는 광고 섹션과 오디언스 데이터를 '파는' 회사다. 미디어 수익 최적화를 지원하는 서비스를 제공하며, 다수 미디어와의 네트워크가 있다.

WPP의 발표를 통해 광고주 측이 원하는 글로벌 규모 광고 집행에 대응하고, WPP만이 가능한 프리미엄 광고 섹션을 제공함으로써 차기 수익 기반을 확립하려는 의도를 엿볼 수 있다.

사실 '24/7 미디어와 작시스가 통합된다'는 이야기를 업계 사람들이 들으면 "뭐? 아직 통합 안 했어?"와 같은 반응이 되돌아온다. 24/7 미디어는 작시스 설립 전부터 소렐 사장의 후원 대상이었다. 인수 후에 설립한 작시스와의 통합은 내부 정보를 새삼스럽게 발표한 데 지나지 않는다. 전략 전술도 2007년부터 변함이 없다.

작시스의 브라이언 레써 최고경영자는 24/7 미디어 출신으로, 인수를 계기로 WPP 내에서 MIG(Media Information Group)을 세운 다음 작시스를 설립했다.

작시스의 뉴욕 본사 사무실은 24/7 미디어의 뉴욕 본사 사무실과 같은 주소다. 닭이 먼저냐 달걀이 먼저냐 하는 논의로 24/7 미디어를 인수하는 시점에서 '작시스다운' 구상이 있었을 것이다.

이 같은 흐름은 더욱 빨라져, 향후 판매자 측과 구매자 측의 통합이

15) 하루 24시간 1주일 7일 동안, 1년 내내

퍼블리시스 옴니콤 그룹에서도 발표되는 것은 시간 문제다. 퍼블리시스 옴니콤 그룹이 다음 발표를 내놓는다고 하면, 그것은 미디어 오디언스 데이터를 포함하는 분야의 테크놀로지 기업 인수가 될 것이다.

그림 8. 작시스는 WPP의 기본 전략

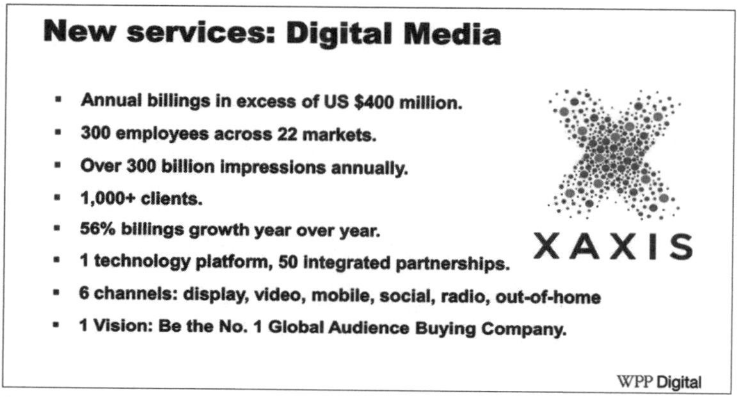

New services: Digital Media

- Annual billings in excess of US $400 million.
- 300 employees across 22 markets.
- Over 300 billion impressions annually.
- 1,000+ clients.
- 56% billings growth year over year.
- 1 technology platform, 50 integrated partnerships.
- 6 channels: display, video, mobile, social, radio, out-of-home
- 1 Vision: Be the No. 1 Global Audience Buying Company.

XAXIS

WPP Digital

(출처 : WPP 〈Digital Investor Day〉 2013년 6월 4일 http : //www.wpp.com/~/media/investor/1-introduction.pdf)

프레너미에는 의존할 수 없다

2013년 작시스의 레써가 전 세계를 돌아다녔다는 소문이 있다. 세계에 광고를 내보내고 싶다는 광고주의 요구에 부응하기 위한 행동이었음은 분명하다.

작시스는 2011년부터 2년이 채 되지 않는 기간 동안 급성장을 달성했다. 여기에 24/7 미디어와 합병하면서 규모를 키웠다.

- **제공 국가 수** : 28개 국(22개 국)
- **직원 수** : 500명(300명)
- **총 임프레션** : 연 4,500억 임프레션/연(3,000억)
  24/7 미디어와 합병하면 연 2조 임프레션이 된다고 한다.(※괄호 안은 2013년 숫자)

불과 반년 만에 거점 수와 임프레션 모두 급속하게 확대되었다. 자신들의 서비스로 도달 가능한 범위를 얼마만큼 확대시켰는지 알 수 있는 부분이다. 'Number one global audience buying' 기업이라는 슬로건을 실천하고 있는 셈이다.

그림 9. 경쟁 우위성의 원천은 테크놀로지에 있음을 자료에서도 분명히 밝히고 있다.

Technology as a source of competitive advantage

- WPP's proprietary platform integrates 24/7 Media's core technology with best of breed partner technologies to create unique digital marketing platform that provides a competitive advantage to WPP advertising clients.
- Opportunities for enhanced collaboration with clients by leveraging data and technology.
- Peers reliance on Google's technology enables Google's disintermediation strategy; all data and technology strategies must pass through competitor's platform.

WPP Digital

(출처 : WPP 〈Digital Investor Day〉 2013년 6월 4일 http : //www.wpp.com/~/media/investor/1-introduction.pdf)

WPP의 소렐이 만든, 친구(friend)와 적(enemy)을 합친 조어인 '프레너미'라는 단어를 최근 자주 듣게 된다. WPP는 프레너미인 구글에만 의존하다 광고대행사를 배제하는 직거래의 흐름에 휩쓸릴 수 있다고 확신했기에, 테크놀로지 기업을 자체 보유하고자 24/7 미디어를 인수하였다. 퍼블리시스 옴니콤 그룹에는 '구글의 직거래로 펩시콜라나 P & G를 빼앗길 수도 있다'며 견제하는 모양새다.(그림 9)

안이한 투명성 논의는 자충수

자주 듣게 되는 표면적인 논의 중 하나로 미디어나 데이터의 '판매자 측과 구매자 측의 양면을 지니려면 완벽한 투명성을 갖출 필요가 있다'는 내용이 있다. 이 같은 논의는 사정을 잘 모르는 사람이거나, 시샘하는 사람이거나 둘 중 하나일 것이다.

일본에서는 전통 매체 시대부터 덴츠와 하쿠호도를 시작으로 '미디어와 광고주 양측의 얼굴을 지니는 것'이 친숙한 구조다. 사이버 커뮤니케이션즈와 디지털 애드버타이징 컨소시엄도 이미 '쌍방향' 서비스를 제공하고 있다. 이러한 측면에서 보면, 오히려 일본이 미국과 유럽보다 더 진보된 사고방식을 가지고 있다고도 볼 수 있다.

재정거래(arbitrage · 광고를 미리 사들여 재고 리스크를 감수하면서 미디어와 합의 하의 가격으로 판매하는 비즈니스 전략)에서 투명성이라는 단어를 안이하게 사용하는 것은 적절치 않다. 온라인 광고 취급고 제1위인 구글은 양 측면을 통합한 서비스를 보유한 대표적인 회사로서 성공했다.

WPP는 앞서 사들여 매각 시 비싸게 팔아서 매매 차익을 벌어들이는 재정거래를 특별히 문제시하지 않는다. 레써는 "뭔가 과제가 있다고 한다면, 그것은 미디어 가치를 손상시키는 가격으로 매각한 경우이거나 광고주가 무엇을 샀는지 모르는 경우뿐"이라며, "오히려 하나의 플랫폼으로 미디어와 광고주가 직접 연결됨으로써 얻는 이점이 더 크다."라고 단언했다.

실제 WPP, 퍼블리시스, 옴니콤, 인터퍼블릭 그룹의 4개사를 비교해보면 작시스가 압도적인 규모와 매출액을 자랑하는 가운데, 타사의 트레이딩 데스크는 투명성을 강조한 나머지 신통치 않은 것이 현실이다.(그림 10) 글로벌 광고주일수록 재정거래에 의한 프리미엄 광고를 요구하는 목소리가 높아지고 있다.

그림 10. 작시스의 압도적인 규모

출처 : WPP는 퍼블리시스 옴니콤 그룹이 합병 없이는 따라갈 수 없는 규모로 작시스를 전략적으로 육성했다. (출처 : WPP 〈2013 Interim Results〉 2013년 8월 gttp : //www.wpp.com/~ /media/Files/Content/investor/wpp_interims_presentation_aug13.pdf)

자체 해결인가, 외부인가? 선택에 직면한 글로벌 광고주

광고주의 시점에서 투명성에 대해 덧붙이자면, '자신이 무엇을 사고 있는지 아는 것'이 중요하다. 즉 구입한 광고나 오디언스 데이터의 원가를 아는 것은 중요하지 않다. 자사 기준의 가치(가격)를 매겨 관리하는 일이 우선되어야 한다.

그 연장선 상에서 미국과 유럽에서는 광고주가 자사관리 플랫폼을 구축하는 트렌드가 확대되고 있다. 자사에 적합한 파트너 선정과, 규모 및 효율화를 겸비한 구매 시스템을 구축하려면 어떻게 해야 할까.

애드 테크놀로지 기업도 투자자로부터의 성장 요구를 이유 삼아 광고대행사를 건너뛴 채 광고주와 직접 협상하는 경우가 늘어났다. 광고주는 '테크놀로지를 어떻게 접목시킬 것인가'를 두고 돈과 시간을 허비하고 싶어하지 않는다. 이 틈새를 파고든 것이 WPP와 퍼블리시스 옴니콤 그룹과 같은 지주회사 차원의 '올인원(양측 잇기)' 전략이다.

물론 광고주의 사정이나 전략에 따라 '올인원'의 적합성 여부는 바뀌기 마련이다. 이 점에 대한 분석, 확인과 서비스 각각의 장점을 이해하는 노력이 광고주에게 필요하다. 그 일례가 이번 작시스의 행보다. 다만, 이 예시는 초대형 광고주를 대상으로 한 경우이므로 자신과 상관없는 딴 세상 이야기라고 받아들일 지도 모른다. 그러나 디지털화와 글로벌화의 트렌드는 그 같은 핑계를 허용하지 않는다. 지금이야말로 현실을 직시하고 파악해야 할 시점이다.

그림 11. 상위에는 아직 독립된 회사가 존재한다

Third Quarter 2013
Xaxis Ad Serving accelerates
Evidon Ad Delivery Index Sept 2013

Rank		Impressions (bn)
1	Double-Click (Google)	230.0
2	OpenX	84.4
3	AppNexus	73.7
4	Google Adsense	59.2
5	Rubicon	46.2
6	Advertising.com	45.4
7	Right Media	43.9
8	MediaMind	41.5
9	YieldSquare	31.7
10	MediaMath	31.2
11	24/7 Media (Xaxis)	28.6
12	DoubleClick Bid Mgr	27.3
13	Atlas	24.4
14	Criteo	23.1

No other direct competitor present

WPP
14

퍼블리시스 옴니콤 그룹을 비롯한 광고 송출 기술을 자체 보유한 기업은 순위에 올라있지 않다. 24/7 미디어의 상위에도 아직 독립회사가 존재한다. 다음으로 인수되는 곳은 어디일까. (출처 : WPP 〈Trading Statement for the Third Quarter 2013〉 2013년 10월 http : //www.wpp.com/~/media/investor/wpp_q3_presentation_oct13.pdf)

데이터 마케팅 시대를 지향한 움직임

WPP는 페이스북, 트위터와 글로벌 파트너십을 맺고 24/7 미디어 인수 경쟁 때 라이벌이었던 마이크로소프트의 애드 네트워크와 독점 제휴를 체결했다. 2013년 12월 시점에서 프리미엄 미디어 유치는 북미 250개사, 전 세계 12개국 1,000개사에 달한다[16].

작시스는 프리미엄 미디어와 직접 연결되어 있는 것에 초점을 맞추

16) WPP 뉴스 릴리스 http://wpp.com/wpp/press/2013/jun/06/twitter-and-wpp-announce-global-strategic-partnership/

고 있다. 디지털 매체 구매 시스템(DSP), 트레이딩 데스크, 애드 익스체인지 등등, 작시스의 명칭은 다양하지만 글로벌 규모의 광고 집행과 양질의 광고 구입이 가능한 것이 강점이다. 다른 애드 익스체인지나 디지털 매체 구매 시스템에서는 구입 불가능한 프리미엄 광고, 오디언스 데이터를 보유하고 있는 점을 강조한다.

작시스의 비즈니스는 '자동 매매와 1차 하청으로 프리미엄 광고를 구매하는 비즈니스'로, 실시간 입찰 및 광고매매를 하는 마켓 플레이스를 설립하여 유·무상 광고를 판매하는 비즈니스와는 다른 방향성을 지닌다. 자사를 트레이딩 데스크라 부르기를 꺼리며, 세계 최대 데이터 관리 시스템(DMP), 오디언스 플랫폼 제공회사라고 부른다.

24/7 미디어의 Connect라고 불리는 시스템으로서 미디어와의 접속 확대를 위해 2012년부터 준비에 들어가 재정거래를 통한 구매 리스크를 지면서 미디어와 협상하는 모델은, 자본이 적은 애드 테크놀로지 기업이 결코 흉내낼 수 없다.

작시스가 목표로 삼는 방향성은 이른바 세계 최대 프리미엄 데이터 관리 시스템이자, 글로벌 광고주를 겨냥한 플랫폼이다. 더 확실하게 말하면, 유니레버나 포드모터, 킴벌리클라크 수준의 대형 광고주를 타깃으로 한다.

업계 미디어 가운데 레써 최고경영자는 "예를 들어 세계 최대 글로벌 광고주 입장에서 생각해 봤을 때, 입찰을 두고 타 경합사와 광고 경쟁을 벌이거나 무수한 중소업체들과 겨루는 그런 소소한 상황을 원할 리가 없다. 자본과 데이터를 최대한 이용하여 가장 고품질 광고를 독점하고 싶을 것이다. 실제로 미디어 역시 프리미엄 광고를 원하는 글로벌 광고주에게 적극 제공하고 싶을 것이고, 게다가 선매하겠다는 언질이 있다면 더욱 환영이다. 우리는 고품질 프리미엄 광고를 자사의 독자적인 데이터와 함께 한정된 광고주에게 직접 제공하는 것이 임무"라고 언급했다[17].

글로벌 광고주의 디지털화, 글로벌화를 향한 요망에 부응해 미디어 구매 및 플래닝 회사가 집결된 '그룹 M'의 협력 아래 작시스로 차차 이행하고, 한편으로는 24/7 미디어 측의 조정을 실시하며 신생 작시스 브랜드로 통일한다. 통합을 위해 부서를 포괄하는 형태로 조정하고, 세계를 돌아다니며 최신 지식을 수집한다. 필자는 이와 같은 레써의 노력이 바로 작시스가 급속히 확대된 원동력이 되었다고 본다. 그리고 항상 생각한 바를 '이루도록' 지휘해 내는 마틴 소렐의 수완에 탄복하곤 한다.

종합광고대행사는 소멸했다

풀 서비스, 통합(Integrated), 팀워크, 마케팅 파트너, 360도 채널 등등. 이러한 거창한 업계 용어를 써서 자사를 종합광고대행사로 소개하는 기업은, 구미에서 완전히 모습을 감췄다.

디지털과 테크놀로지를 중심으로 명확한 지표를 제시하는 것이 광고대행사에 필요한 최소한의 역할이자 성공 기업의 특징이기도 하다. '모든 영역에 강한 종합광고대행사'라는 완곡한 표현은 이제 '정해진 포지션이 없다'는 말과 동의어다. 종래형 광고대행사가 갑자기 자사를 디지털 영역에 강한 광고대행사, 이른바 디지털 에이전시라고

---

17) AdExchanger 〈WPP Group's Xaxis Imbibes 24/7 Media, Gaining A Sell-Side Edge〉 2013년 12월 3일 http://www.adexchanger.com/agencies/wpp-groups-xaxis-imbibes-247-media-gaining-a-sell-side-edge/

칭하는 사이비 디지털이 만연하기도 했지만, 디지털에 특화되어 분리 독립한 회사가 모회사를 뛰어넘을 기세로 성장하고 있다.

테크놀로지 기업, 컨설팅 기업, PR 대행사, 소셜미디어 기업, 다이렉트 마케팅 기업 등이 쉽게 광고대행사를 능가하는 시대에 돌입했다. 이를 명료하게 표현한 것이 그림 12다.

그림 12. 미국 전체 광고대행사의 매출총이익 순위 TOP20

매출총이익(단위 : 억 엔)

		매출총이익		
		2012		2008
1	Epsilon (Alliance)	1061억 엔	230%	461억 엔
2	Acxiom Corp.	678억 엔	---	NA
3	BBDO WW (Omnicom)	541억 엔	85%	636억 엔
4	SapientNitro	497억 엔	235%	211억 엔
5	Leo Burnett WW (Publicis)	471억 엔	206%	229억 엔
6	DraftFCB (IPG)	443억 엔	87%	510억 엔
7	McCann Erickson WW (IPG)	427억 엔	81%	530억 엔
8	Rapp (Omnicom)	423억 엔	116%	365억 엔
9	DigitasLBi (Publicis)	407억 엔	108%	377억 엔
10	Edelman (DJE holdings)	406억 엔	---	NA
11	Experian Marketing Services	395억 엔	100%	395억 엔
12	Razorfish (Publicis)	390억 엔	123%	317억 엔
13	Y&R (WPP)	389억 엔	114%	340억 엔
14	Weber Shandwick (IPG)	366억 엔	---	NA
15	Wunderman (WPP)	355억 엔	132%	268억 엔
16	JWT (WPP)	351억 엔	106%	332억 엔
17	IBM Interactive	343억 엔	167%	205억 엔
18	inVentiv Health Communications	342억 엔	---	NA
19	Fleishman-Hillard (Omnicom)	325억 엔	---	NA
20	TBWA Worldwide (Omnicom)	321억 엔	146%	219억 엔

2008년 당시 상위 20위권 이내에 들었던 에이전시

DDB	300 억엔
Carlson	265 억엔
Saatch & Saatch	236 억엔
Ogilvy	221 억엔
Gray	215 억엔

PR, SNS 업계 디지털 업계

Advertising Age DataCenter 〈Largest U.S. Agencies From All Disciplines〉 2012 http : //adage.com/datacenter를 토대로 작성(데이터베이스 기업, PR 기업은 2008년에 조사 대상이 아니었으므로 NA가 많다.)

경합은 광고대행사에 없다

그림 12는 〈애드버타이징 에이지〉의 데이터를 토대로 한 2012년 미국 전체 광고대행사 매출총이익 상위 20개사의 순위다. 디지털을 중심으로 한 광고대행사를 옅은 회색으로, 소셜미디어를 포함한 PR 계통 기업을 짙은 회색으로 표시했다. 흰색 칸의 기업이 종래형 광고대행사로 BBDO, 레오 버넷(Leo Burnett), 맥켄에릭슨(McCann Erickson), Y & R, JWT, TBWA와 같은 익숙한 얼굴들이 나열되어 있다.

한번 쭉 훑어봐주기 바란다. 디지털, 데이터, PR 분야에 전문특화한 기업군이 올인원 마케팅을 표방하고 있는 종래형 광고대행사를 웃도는 것을 알 수 있다. 과점이 계속되는 일본에서도 이미 동일한 지각변동이 일어나고 있음을 느낀다.

상위권 순위의 특징

디지털 영역에서 급성장하는 회사의 특징을 살펴보면 데이터 보유량=매출총이익에 비례하는 감이 있다. 데이터가 마케팅 분야의 새로운 핵심으로 일컬어지는 시대가 왔다. 이러한 사실이 그대로 광고대행사의 수익에 적용되고 있다고 하면, 현재와 같은 흐름에 뒤처져서는 곤란하다.

엡실론(1위), 엑시옴(2위), 사피엔트니트로(4위)는 일본에서는 거의 무명에 가까운 회사다. 그러나 순위 상에서는 BBDO, 맥켄에릭슨, JWT보다 훨씬 많은 이익을 벌어들이고 있는 고수익 기업이다.

엡실론의 업태는 단순하게 설명하면 다이렉트 마케팅 계열 회사다. 얼라이언스 데이터 시스템 산하에 있으며, 엡실론은 2010년 대형 신용정보기관인 에퀴팩스의 다이렉트 마케팅(DM) 부문을 약 117억 엔으로 인수했다. 매각한 측인 에퀴팩스라고 하면, 미국 국내 신용정보 및 데이터 제공자로서 미국 빅3 중 하나로 대형 금융기관 수개 사를 포함한 수많은 기업이 그 서비스를 이용할 정도의 기업이다. 엡실론은 이메일 마케팅 이외에 로열티 마케팅에서 웹 디자인에 이르기까지, 베스트바이, 제너럴 모터스, 로슈 등 글로벌 광고주의 마케팅을 지원하고 있다.

엑시옴에는 일본 법인이 있다. 동사의 일본 페이스북 페이지에는 업종이 '컴퓨터 서비스'라고 정의되어 있다[18]. 광고대행사가 보면 일견 타업종으로 생각하게 될 것이다. 그러나 엑시옴은 나스닥 상장기업으로 다이렉트 마케팅과 데이터베이스 · 마케팅 사업을 확대시켜 성장한 글로벌 기업이다. 본사는 아칸소 주에 있다.

사피엔트니트로는 사피엔트(나스닥 상장)의 마케팅 서비스 부문으로, 동사는 클라우드 기반 플랫폼인 'Sapient EngagedNow' 등을 광고주에게 공급하고 운용관리하는 테크놀로지 기업이다.

18) 엑시옴 저팬 페이스북 페이지 https : //www.facebook.com/acxiomjapan

사피엔트니트로는 2009년 당시 나이키, 볼보 등을 고객으로 삼고 웹 디자인에 강한 니트로를 약 50억 엔으로 인수하여 마케팅 테크놀로지 컨설팅 영역에 진출했다. 크로스 채널 브랜드, 상품 단위의 캠페인 분석과 최적화 어드바이스 툴을 제공하고 있다.

이 밖에도 8위인 랩(랩 콜린스)은 원래 모회사인 DDB(2012년 23위) 산하에서 CRM 영역에 강한 광고대행사였으나, 신생 옴니콤 편성 시 CRM에 강점을 지닌 회사로서 발전하기 시작했다. 부모를 뛰어넘어 성장한 자식과 같은 기업인 셈이다. CRM이라고 하면 원더맨(15위)도 WPP의 핵심 기업이다. IBM 인터랙티브(2012년 17위)는 IBM에서 파생된 회사다. IBM 전속 회사라기보다는, IBM에서 독립하여 컨설팅 영역에 강점을 보유한 광고대행사로서 성장하고 있다. 또한, 에델만(2012년 10위), 플레시먼힐러드(2012년 19위) 등 PR 영역에 강한 면모를 보이는 회사들도 순위 상위권에 위치해 있다.

테크놀로지, 데이터, 컨설팅, 다이렉트 마케팅, PR과 같은 '광고·마케팅 이외의' 업종이 전문인 기업이 광고와 마케팅 영역에까지 사업 범위를 확장하여, 이제는 종래형 광고대행사와 동등한 규모이거나 그 이상의 성장을 보이고 있다. 결과적으로 업계 지도가 완전히 새로 그려지고 있음을 알 수 있다. 이러한 미국의 상황을 언제까지 모른 척할 수 있을 것인가.

테크놀로지 기업에서 광고대행사로 변신

언뜻 보면 옴니콤, 퍼블리시스, WPP, 인터퍼블릭 그룹과 같은 지주회사의 동향은 인수 기업을 산하에 둔 채 단순히 서비스 확대를 꾀하는 것처럼 보이기도 한다. 그들은 어디까지나 광고라는 지금까지의 핵심 사업을 발상의 중심에 세워 확대 전략을 시행한다. 최근에는 테크놀로지 기업을 산하에 거느리고 한층 고도의 테크놀로지와 플랫폼을 구축하여 사업 전개를 지향하고 있다.

한편, 테크놀로지 기업은 테크놀로지나 플랫폼을 기반으로 하여 마케팅 서비스를 제공한다. 이대로 확대되면 현재의 지주회사처럼 '그룹'을 형성하는 것도 가능하다. 예를 들어, 구글의 더블클릭 흡수나 야후의 라이트미디어 흡수 사례를 보아도 그룹으로서 광고주에게 서비스를 확충하고 있다.

구글이나 야후가 작심하고 광고대행사와 유사한 기능을 제공하기 시작할 가능성도 있다. 실제로 일본야후는 이미 마케팅 서비스 플랫폼을 발표한 바 있다. 이미 그들의 디지털 광고 취급고는 대형 광고대행사의 취급 규모를 앞질렀다. 이러한 테크놀로지 기업이 광고대행사의 기능을 보유하려는 징후는 다수 존재한다. 예를 들어 보자.

미디어매스의 '패밀리화'

애드 테크놀로지 기업인 미디어매스(MediaMath)는 터미널 원(Terminal One)이라는 광고 집행, 캠페인 관리 플랫폼을 주요 광고대행사와 트레이딩 데스크, 포춘 500개사 가운데 절반을 비롯한 1,000개 이상의 기업에 제공하고 있다. 디스플레이, 비디오, 모바일, 소셜 등의 접속 환경으로 DoubleClick Ad Exchange, Yahoo!-Right Media, Microsoft Ad Exchange, Facebook Exchange, Rubicon Project, AppNexus, PubMatic과 같은 기본 접속처 이외에도 NBC, Fox 뉴스, 포브스 등 프리미엄 미디어가 포함된다. 이러한 플랫폼을 통해 전 세계로 광고 집행이 가능하므로, 광고대행사 기능을 독립시킨 형태의 패밀리 기업이 자연 증식하고 있다.

테크놀로지 기업은 그들 나름의 논리로 비즈니스를 전개한다. 테크놀로지 제공과 서비스 규모 확대로 수익을 벌어들이는 '플랫폼 장사'에 전념하고, 시간과 노력이 드는 광고주 대상 관리 서비스(managed service · 테크놀로지 제공과 함께 그 사업까지 지원하는 서비스)를 꺼리는 경향을 보인다. 하지만 그 수고가 드는 부분을 독립시켜 디지털 영역에 강한 광고대행사 역할로 주변 사업을 확대시키고 있다. 게다가 미디어매스와 같은 글로벌 테크놀로지 기업에서 독립하여 생겨난 광고대행사가, 모회사의 플랫폼을 그대로 이용하면서 글로벌 광고주와 거래 가능한 광고대행사로 성장하는 경향도 나타나고 있다.

예를 들어 미디어매스에서 독립하여 설립된 광고대행사로 케플러그룹이 있다. 전 미디어매스 직원 6명이 만든 회사다. 디지털 광고 거래 시 테크놀로지 관련 지식을 잘 모르는 기존 광고대행사가 광고주 사이에 끼게 되면, 아무래도 움직임이 둔해지기 마련이다. 그렇다면 자신들끼리 직접 서비스를 제공하겠다는 생각인 것이다.

미디어매스의 플랫폼을 사용하면서 튜브모글의 비디오 플랫폼, 세일즈포스 닷컴의 소셜 플랫폼 등을 자유롭게 조합하여 미디어의 수수료와 함께 건설팅 비용도 동시에 챙길 수 있는 고수익 체제를 구축했다. 스톡포토(stock photo)로 잘 알려진 게티이미지의 글로벌 온라인 마케팅을 독점적으로 맡고 있다.

미디어매스의 최고경영자 조 자와즈키가 설립한 미디어매스 벤처스 펀드에서는 테크놀로지에 정통한 직원이 독립했다. 그 예로서 허들매스(트레이딩 데스크), 빅렌즈, 애드로이트 디지털(디지털 영역의 광고대행사)가 배출되어 '미디어매스 패밀리'를 형성하고 있다.

현실에 안주한 상태임을 부정할 수 없다

이러한 움직임은 일본 마케팅 영역의 스타트업 기업이나 테크놀로지 기업, 플랫폼 관리 서비스를 제공 가능한 광고대행사가 비즈니스를 추진하는 데 대한 실마리를 알려 준다. 글로벌 광고주의 해외 사업전개 담당을 염두에 둔 글로벌 테크놀로지 기업과 제휴하거나 노하우를 공유하는 것은 상당히 충격을 안겨줄 것이다. 자사 기술과 자사 방식을 해외에 내보이는 것 외에도 해외의 주요 트렌드를 그대로 도입하는 등 '흐름을 탈 줄 아는' 인재가 등장하기를 기대한다.

일본의 종래형 광고대행사도 유연한 발상을 지닌다면, 다양한 형태의 관계를 구상할 수 있지 않을까. 디지털 부문 도입에서 시작하여 마케팅 데이터를 대량 보유한 기업과 연계하고, 글로벌 플랫폼을 수용하여 PR · 소셜미디어 기업을 흡수하거나 반대로 매력적인 테크놀로지 기업 산하에 들어갈 수도 있을 것이다. 일본의 광고대행사가 지금 미래를 향해 나아가고 있기는커녕, 안타깝게도 현 상황에 안주하고 있는 상황임은 부정할 수 없다.

시장 진출을 노리는 타업종 기업들

광고대행사의 가장 중요한 접촉 대상은 마케팅 부문 최고책임자이며, 얻을 수 있는 보수나 취급고는 최고마케팅책임자(CMO)의 결제예산(마케팅 예산) 이내였다. 마틴 소렐이 지적하듯 테크놀로지가 마케팅 책임자의 권한 범위를 파괴했다. 구체적으로는 최고정보책임자(CIO), 최고기술책임자(CTO)나 최고경영자가 권한을 지니는 영역으로까지 침투한 상태다.

최고마케팅책임자라는 직책이 확립되어 있지 않은 일본 기업들은 자신과 상관없는 일인 양 들릴지도 모르지만, '광고홍보부의 예산뿐만 아니라 경영자가 결제하는 IT 예산도 고려할 필요가 생겼다'는 사실을 생각하면 이해하기 쉬울 것이다. 지금 유럽과 미국에서는 'CMO에서 CIO, CTO로'라는 표현이 하나의 유행어가 되었다. 이 말은 'CMO 예산만 추구할 것이 아니라 CIO, CTO에까지 파고들지 않으면 미래는 없다'는 의미를 포함한다.

이러한 예산 확보의 흐름이 정보시스템 분야에 가까워지면서, '마케팅을 실행할 때 드라이버(축)는 크리에이티브(아이디어)이며, 데이터는 그 인프라에 불과하다'고 말하고 싶어지는 심정도 이해할 수 있다.

하지만 마케팅의 근간이 데이터와 떼려야 뗄 수 없는 상황이 된 지금은, 데이터 마케팅적 사고 아래 경영을 하는 광고대행사가 실적을 올리는 실정이다. 결국, 광고대행사도 컨설팅 기업과 마찬가지로 '데이터 중심의 사고방식'을 반드시 가져야 하는 시대다.

2013년 딜로이트 컨설팅이 시애틀의 디지털 부문 광고대행사 반얀 브랜치(Banyan Branch)를 인수했다. 디지털 부문으로 점차 영역을 넓히고 있는 것이다.[19] 딜로이트는 〈애드버타이징 에이지〉에 실린 '디지털 광고를 취급하는 미국의 광고대행사 순위'에서 24위를 차지했다. 매출총이익으로는 110억 엔 규모다. 해당 규모는 '디지털 광고에 한정한 매출총이익' 순위에서 22위인 AKQA에는 근소한 차로 뒤지지만, 25위인 JWT, 26위 VML, 35위 Possible(이상 WPP)보다 상위다. 모든 사업을 종합한 월드와이드 순위로 바꿔보면 36위인 도큐(東

---

19) Advertising Age 〈Deloitte Digital Acquires Digital Agency Banyan Branch〉 2013년 10월 20일 http://adage.com/abstract?article_id=244848

急) 에이전시와 어깨를 나란히 하는 규모인 38위가 된다.[20]

한편, IBM 인터랙티브는 월드 와이드 순위에서 13위에 위치해 있다. 16위인 아사츠 디케이와 큰 차이로 상위에 올라 있다는 점을 기억해 주길 바란다. 마찬가지로 컨설팅 기업인 액센추어 인터랙티브를 2009년 설립했다. 2013년에는 영국의 Fjord라는 디지털 부문 광고대행사를 인수하여 P&G, BMW 등과 거래를 시작했다[21].

광고업계의 컨설팅이란 무엇을 가리키는가

광고업계에서 컨설팅이라는 단어는 해석 방법에 따라 3가지 범주로 나뉜다.

① IT계통 컨설팅도 포함하는 경영 컨설팅
사업 포트폴리오나 사업 재편성과 같은 영역에 대한 조언 등의 업무를 수행한다. 대표적인 회사로는 딜로이트, 액센추어, 맥킨지앤드컴퍼니, IBM 등을 들 수 있다.

② 미디어 비즈니스, 마케팅 비즈니스 영역에 초점을 맞춘 애드 테크놀로지 컨설팅
애드 테크놀로지 환경 구축을 비롯, 오디언스 데이터 분석, 활용에 관한 조언을 한다. 테크놀로지 기업이나 미디어 구매/플래닝에 강한 광고대행사 등이 컨설팅 업무 부서를 만드는 흐름도 나타나 ①과의 경계가 사라지고 있다.

---

20) Advertising Age 〈Adage Data Center〉의 2012년 집계 데이터 http://adage.com/datacenter/

21) 선전회의 〈액센추어가 디자인 회사를 인수, 디지털 마케팅에 진출〉 2013년 8월 http://mag.sendenkaigi.com/senden/201308/ad-news-future/000108.php

③ 과거부터 존재했던 이른바 '서치 컨설턴트'로 불리는, 광고대행사를 선정하기 위한 컨설팅
예를 들어, 1업종 1사제 하에 100억 엔 예산의 신규 광고 캠페인용으로 새로운 광고대행사와 3년간 계약을 체결하게 되었을 때, 서치 컨설턴트가 광고주의 광고대행사 선정을 반년간 컨설팅한다. 이 영역의 컨설턴트는 ①, ②와는 대상이 다르므로 여기서는 언급하지 않는다.

광고대행사 산하 기업을 주의하라

광고대행사 산하의 컨설팅 회사인 경우 광고주는 다소 주의를 기울일 필요가 있다. 업프론트(up-front, 광고매체 사전계약)로 광고를 매점하는 광고대행사 산하에서는 '광고를 팔기 위한 컨설팅'을 하는 컨설턴트도 출현할 수 있다. 어디까지나 ①의 컨설팅 기업으로 대표되는 외부 컨설턴트만이 중립적인 입장에서 광고 매매의 욕구에 휘둘리지 않는 존재가 될 수 있다. 에이전시의 이름이 맨 위쪽에 위치한 컨설팅 기업은 광고 매매를 목적으로 한 유인책이며 미끼라고 보아도 무방하다.

광고대행사 산하의 컨설팅은 광고주 형편에 따르므로, 좋고 나쁘고를 판단하는 것은 일반론으로 설명할 수 없다. 다만, 컨설팅이라는 단어가 지니는 중립 이미지에 현혹되지 않도록 해야 한다. 실제로 킴벌리클라크, 켈로그와 같은 소비재 기업은 광고대행사를 어디까지나 '테크니컬 컨설턴트'로서 고용하고 광고대행사 측의 광고 운용 및 집행팀을 이용하지 않은 채 자사 플랫폼을 운용하고 있다. 이와 같이 '가려 쓰는' 경우도 종종 눈에 띈다.

광고대행사의 위치 관계

그림 13은 미디어가 보유한 오디언스 데이터와 광고주가 보유한 고객 데이터, 매출 데이터 등의 1차 데이터를 애드 테크놀로지 기업이 조합한 것을 나타낸다.

그림 13. 미디어, 광고주 쌍방이 연관되지 않은 광고대행사

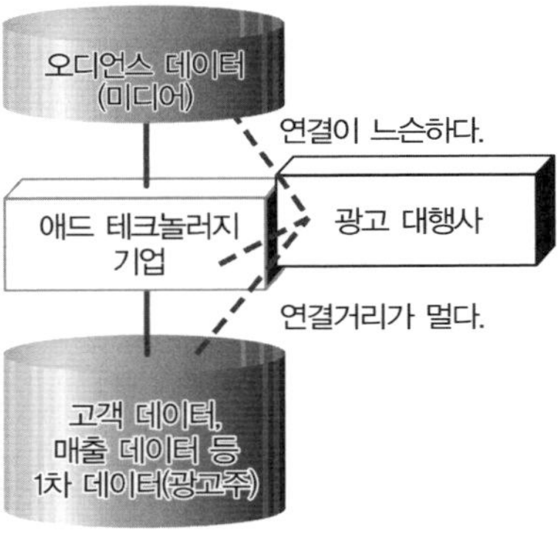

이러한 흐름에서 광고대행사의 위치는 세로 선의 외측에 존재하며 미디어 측, 광고주 측과도 연관되지 않는 입장이 된다. 데이터는 애드 테크놀로지 기업 쪽이 착실하게 자사에 축적하고 있다. 예를 들어, 광고대행사는 개별 CRM 데이터를 광고주로부터 인계받아 리타기팅 광고를 발주, 운용하는 일은 있어도 매출 데이터에 접근할 권한은 맡겨지지 않는다.

컨설팅 기업의 포지션

컨설팅 기업의 경우는 광고주의 고객 데이터, 세일즈 데이터 등 실제 데이터 접근과 함께 그림 14(1)과 같이 최고경영자와 강한 연결고리를 지닌다. (2)에서 미디어의 오디언스 데이터에 대한 접근 역시 광고주와 애드 테크놀로지 기업을 경유하여 입수할 수 있으며, 나아가 광고대행사 기능을 인수함으로써 인적 크리에이티브 서비스 부문을 사내에 도입한다면 광고주의 목적을 반영한 브랜딩과 P & L을 충족하는 전략을 내놓을 수 있다. 광고 재고에 휘둘릴 일이 없는 중립적 컨설팅이 가능하다.

그림 14. 최고경영자와 강한 연결고리를 지닌 컨설팅 기업

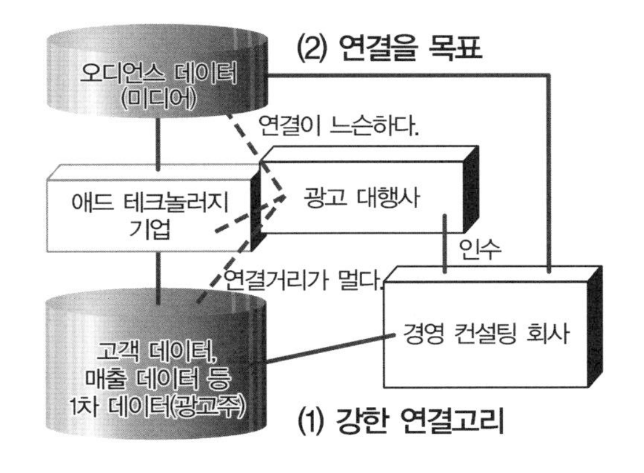

지주회사의 전략

지주회사가 이러한 상황에 대항하기 위해 애드 테크놀로지 기업을

인수하여 산하에 두고 있다는 사실은 전술한 바와 같다. 그리고 프리미엄 광고를 보유한 미디어에 자본력을 이용해 접근, 양질의 오디언스 데이터를 자사 내에 유치하는 전략을 취하고 있다.

그림 15의 직사각형 테두리에서, 광고주에게 컨설팅 목적으로 다가가 1차 데이터에 접근하게 되면 비즈니스 찬스가 확대될 것으로 보는 것이다. 한편, 프리미엄 미디어라고는 해도 재정 거래로 수익을 올리려는 목적을 가진 이상 광고주는 자사 기준을 세우고 접촉할 필요가 있다. 지주회사들 가운데 컨설팅 부문을 설립한 예는 다음과 같다.

그림 15. 양질의 오디언스 데이터를 보유하고 컨설팅 목적으로 접근

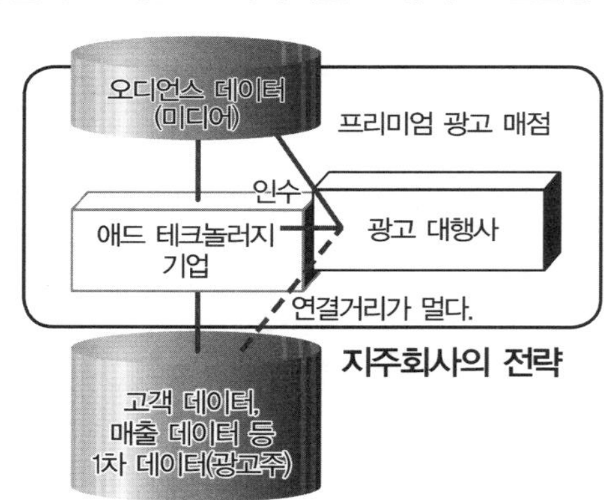

- Starcom MediaVest(퍼블리시스) : Zero Dot 마케팅 영역 중심, P & G를 담당
- Zenith Media(퍼블리시스) : Apex 미디어 컨설팅 중심

- Ogilvy(WPP) : Ogilvy Red P/L 수지별 부문, 글로벌 어카운트 중심
- WPP : Group M Consulting Service 광고, 마케팅 중심의 컨설팅
- 인터퍼블릭 그룹 : Unbound 프로그래머틱, 애드 테크놀로지 컨설팅
- R/GA(인터퍼블릭 그룹) : R/GA Business Transformation Group 12명으로 구성된 사내 팀, 10개 글로벌 광고주를 확보

'광고대행사'라는 단어의 어감이나 상거래 형태로는 컨설팅 업종에 어울리지 않으므로 대체로 별개의 브랜드명을 설정하고 있다. 이들 광고대행사 그룹 가운데 존재하는 컨설팅 업무로 1달러짜리 거래가 성립되면, 그 다음 3에서 4달러의 광고 예산이 줄줄이 엮여 나오듯 책정된다는 이야기가 있다. 간단히 말하자면 '별도 책정 예산'이다. 이러한 배경을 보아도 광고대행사가 난관 속에서 진출하는 과정에는 수긍하게 된다. 공통된 사실은 이러한 대처가 복수의 국가에 거래처를 둔 글로벌 광고주에 대한 대응 조치이며, 글로벌 대응이 불가능하면 경쟁 자체가 되지 않는다는 것이다.

광고대행사의 보수 체계 트렌드

잘 알려진 바와 같이 일본의 광고대행사는 소득 지침으로, 해당 안건에 대해 들어가는 인건비나 고정비를 토대로 계산하는 보수 체계인 '피'보다 매출액이나 '커미션(수수료)'을 중시한다. 매출액과 그 이익

(커미션율)이 경영의 지침으로서 P/L의 톱라인에 등장한다. 유일하게 덴츠는 이지스 흡수 이전부터 경영계획설명서 등에 매출액이 아닌 매출총이익을 톱라인으로 하는 자료도 마련하기 시작했다.

'커미션율이 10%에서 11%가 되었다', '매출총이익률이 개선되었다'와 같은 내용이 사내외에서 발표되는 것은 경영(영업)의 눈높이가 일단 매출 우선주의에 맞춰져 있기 때문이다. 일본에서는 원가에 (정률) 이익을 더해 매출액으로 하는' 과금 방식밖에 모르는 영업맨도 많다. 이러한 방법(또는 사고방식)의 결점은 영업맨 개개인이 경영의 주요 지표인 '영업이익'에 책임을 지지 않는 점이다. 자신이 어느 정도의 수익을 창출하고 있는지 불투명한 상태로 열심히 야근을 한다. 광고맨들에게 변화가 보이지 않는 것도 제공 중인 상품이 기존 광고판매의 연장선이기 때문이리라.

새로운 보수 체계를 마련하지 못하는 이유로, 광고주가 변하지 않는 한 불가능하다는 견해도 있다. 하지만 이는 변명일 뿐이다. 스타트업 기업과 테크놀로지 기업, 그리고 광고대행사의 미래를 짊어지고 있는 젊은 인재들에게는 서비스에 걸맞은 새로운 보수 체계 구축에 도전해보라고 조언하고 싶다.

커미션과 피를 제외한 선택지

그림 16은 미국 광고대행사에 대한 보수를 '커미션'과 '피'별로 그래프화한 것이다. 원으로 둘러싼 꺾은선은 '품질을 평가했을 때의 보수(보너스)'로 생각하면 된다. 미국에서는 브랜드 매니저나 최고 마케팅 책임자가 아닌 구매부가 피를 결정하는 비율이 높아지고 있다.

또한, 미국에서는 피의 계산 방법에 다양한 시도가 행해지고 있다.

따져 보면 피 제도는 근로시간당 보수에 불과하다. 담당 브랜드나 광고홍보부 대신 자재구매부가 광고대행사의 입찰을 판단하는 경향이 생겨난 이후로는 인재 개개인에 대한 시간급을 마치 재료비처럼 규정하게 되었다. 즉 '일한 시간=보수 금액'이 되면서 가치가 질이 아닌 근로량에 비례하는 상황이 발생한 것이다. 광고주와 광고대행사 모두 이 점이 문제라는 사실을 깨닫기 시작했다. 가령 광고대행사의 입장이라면 크리에이티브를 제공 시 5명의 팀을 구성하면 우수한 2명 보다도 보수가 높아지는 현상이 일어난다.

그림 16. 미국 광고주 측 조사에 따른 광고대행사에 대한 보수 체계별 추이

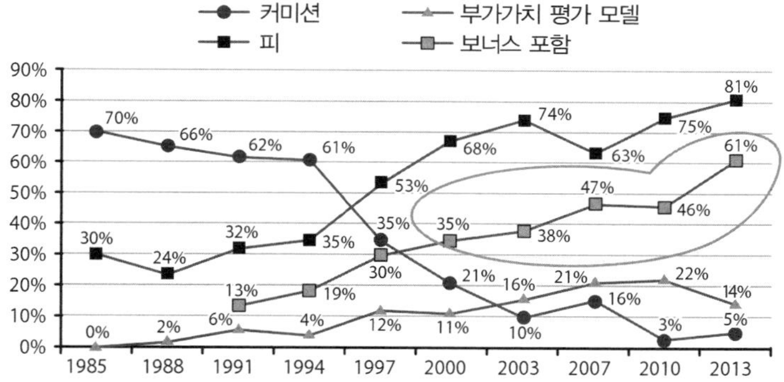

전미 광고주협회(ANA)가 발표한 조사자료를 토대로 필자가 작성했다. 광고주 측 조사에 따른, 광고대행사에 대한 보수 체계별 추이를 정리한 것이다. 커미션+피+부가가치 평가 모델은 합계 100%다. 추가적인 항목으로 '클라이언트 매출 및 KPI 수치달성'에 따른 보너스를 적용한 비율을 표에 추가했다.(출처 : 전미 광고주협회[ANA] 〈2013 ANATrends in Agency Compensation, 16th Edition Survey Results〉 http : //www.ana.net/mkc)

질적 평가를 피에 추가

결론부터 말하면, 이 피에 대한 평가(인건비 환산)를 대체하는 질적 평가 방법은 아직 등장하지 않았다. '질'에 초점을 맞춘 부가가치 평가모델은 광고주마다 평가가 분분해 공조가 이뤄지지 않고 있다. 한편, 공헌도를 측정하려면 광고주 측이 너무 많은 시간과 노력을 들여야 한다.

부가가치 평가 모델은 일시적으로 화제를 모았지만, 역시나 수면 아래로 가라앉았다. 여기서 평가 제도를 복잡하게 하지 않고도 피를 그대로 활용하는 성과 보수=보너스 방식이 채용되게 된다. 그림 16의 조사에 응답한 광고주 가운데 6할이 적용 중이다. 인건비, 고정비를 기반으로 보수를 계산하는 피에 반해, 광고대행사가 할인을 수용하는 대신 협의 결정한 목표치를 웃돌 경우 반대로 보너스를 받을 수 있는 '리스크 & 리워드(보상)' 방식이 호평을 받고 있는 듯하다. 적용하는 광고주 측에서도 반응이 좋아 적용 비율이 높아지고 있다.

미디어 커미션의 수익을 어떻게 재투자할 것인가

매출총이익이 아닌 인건비를 뺀 후의 영업이익률(operating margin)에 시선을 옮겨보면, 덴츠와 하쿠호도DY는 아직 커미션 기반 풍토가 차지하는 비중이 높으면서도 글로벌 대형 광고대행사와 비교해 손색없는 영업이익률을 남기고 있다. 일본에서는 여전히 익숙한 광고 사전구매 모델이 영업이익 관점에서 (현재로서는)잘 기능하고 있다는 증거다.

다만, 이 결과는 그림 17의 아사츠 디케이의 부진에서 나타나듯,

표에 포함되지 않은 '덴츠 · 하쿠호도 이외의' 광고대행사에게 있어 얼마만큼 안심할 만한 증거가 될지 분명하지 않다. 인터퍼블릭 그룹도 마찬가지로 표에 실리지 않은 하바스(세계 6위), MDC(세계 9위)를 생각하면 '상위는 잘되고 있지만 하위는 불명(추측으로 짐작가능하다)'이라는 것이 속내이리라. 독립형 광고대행사와 지주회사로서 각 회사를 거느릴 정도의 규모인 광고대행사에는 반드시 전략 차이가 존재한다.

그림 17. 기업별 영업이익률 비교

	2013년 말 (2014년 3월 전망 ※1)	2013년 상반기	2012년 말 (2013년 3월 말 ※1)
덴츠 연결	※2 18.6%	14.9%	16.9%
하쿠호도DY연결	※2 16.2%	14.9%	15.0%
아사츠 디케이 연결	3.1%	7.8%	6.9%
옴니콤	13.2%	13.4%	13.4%
퍼블리시스	16.5%	15.6%	16.1%
WPP	15.1%	12.0%	14.8%
인터퍼블릭 그룹	8.4%	4.0%	9.8%

집필 시점에서 발표된 각사의 결산자료를 바탕으로 필자가 작성했다. 회사마다 회계 발표 방법이 다른데, 영업권상각인 EBITA에 가까운 숫자를 적용했다. (※1 덴츠와 하쿠호도DY는 3월 합계. ※2 예상값, 컨센서스) 영업이익률이란 영업이익÷매출총이익의 경영지표이며, 미디어 커미션율이 아니다.

60%의 광고주가 자사 내에 광고대행사 기능을 보유

광고주가 자사 내에 대행사 기능을 보유하는 움직임은 일본에서도 나타나고 있다. 그림 18은 미국광고주협회(ANA)의 2013년 조사결과다. 광고주 가운데 58%가 자사 내에 광고대행사 기능을 갖고 있다는 사실이 밝혀졌다.

그림 18. 미국 광고주의 자사 내 광고대행사 기능 설치상황

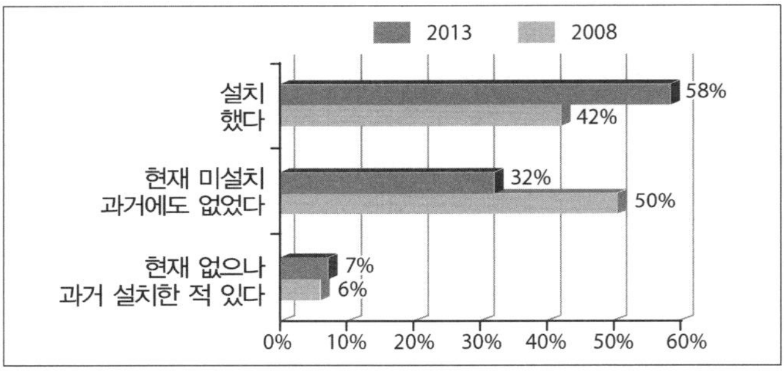

2013 2008
설치 했다 58% 42%
현재 미설치 과거에도 없었다 32% 50%
현재 없으나 과거 설치한 적 있다 7% 6%
0% 10% 20% 30% 40% 50% 60%

약 6할의 광고주가 자사 내에 광고대행사 기능을 지니고 있다. (출처 : 전미광고주협회[ANA] 〈ANA Survey Reveals Marketers Moving More Funcions In-House-Traditional Advertising Agencies at Risk of Disintermediation〉 2013년 9월 5일 http : //www.ana.net/content/show/id/26957)

2008년 42%에서 크게 숫자가 늘어난 이유는 주로 두 가지다. 리먼 사태 이후의 경기 침체 시기에 진행된 비용 삭감의 여파와, 데이터 지식 및 노하우를 내부에 축적할 필요성이 높아졌기 때문이다. 조사자료에 따르면 사내에 대행사 기능을 갖는 이유로서 2008년 시점

에서 51%의 기업이 비용 효율 향상을 들고 있으나, 2013년에는 35%로 감소했다. 반대로 '지식 및 노하우 축적과 전문 부서 설치'가 41%로 가장 큰 비율을 차지한 점이 시사하는 바가 크다.

디스플레이 광고, 서치 마케팅, 소셜미디어 등 다양한 기법이 등장한 가운데 자사 내부적으로 대응하려는 움직임은 향후 일본에서도 가속화할 것이다. 이 같은 동향은 '자사 내에서 잡지 광고 크리에이티브 제작을 수행하던 조직에 디지털 광고 대응 담당자가 늘어났을 뿐'과 같은 단순한 사태가 아니다.

이번 발표자료에는 한층 깊게 파고든 보고내용도 있다. 자사 내에 광고대행사 기능을 도입한 광고주들 중 56%는 광고대행사에 운용형 광고 집행을 맡기고 그 관리 및 데이터 관리는 사내 마케터가 담당하는 형태를 취한다는 내용이다. 즉 광고대행사는 광고 집행이라는 필수 작업의 '외부 발주처'로 변하고 있는 것이다.

'인하우스 랩(래버러토리)'도 등장

1차 데이터를 대량으로 축적 중인 B2C 기업이 자사에 애드 테크놀로지 기업을 인수하기 위한 전문 집단을 구성하는 움직임도 있다. 예산도 확보하고 인수를 통해 자사 기능을 증강시켜 조직을 확대하는 것이다. 이러한 조직을 미국과 유럽에서는 '인하우스 래버러토리(in-house laboratory)'라 부른다.

세계 최대의 문구 · 사무용품 판매사인 스테이플스는 본업과는 별개 조직으로 '스테이플스 이노베이션 래버러토리'를 설치하고(그림 19) 2013년 10월 e커머스 최적화 플랫폼 회사인 Runa를 인수했다[22].

22) AdExchanger 〈Staples Builds Out Data-Driven Outfit With Runa Acquisition〉

인수 금액은 밝혀지지 않았지만 벤처 캐피털은 Runa에 10억 엔 규모의 투자를 시행했다.

그림 19. 스테이플스 이노비에션 래버러토리의 홈페이지 메인 화면

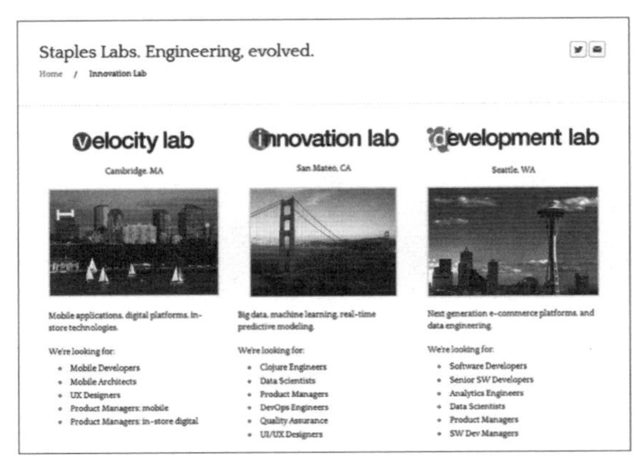

스테이플스의 인하우스 래버러토리는 3개 거점을 지닌다.
(http : //www.stapleslabs.com/)

마찬가지로 홈데포(BlackLocus), 월마트(Inkiru), 타깃, 노드스트롬, 코카콜라의 인하우스 래버러토리 등도 애드 테크놀로지 기업을 인수하고 있다.

스테이플스 홍보팀은 인수의 포인트를 '1차 데이터를 효율적으로 분석하고 활용할 수 있는 테크놀로지 획득과 엔지니어, 데이터 연구자를 동시에 획득하는 것'이라고 공표했다. 스테이플스는 실리콘밸리

2013년 10월 3일 http://www.adexchanger.com/ecommerce-2/staples-builds-out-data-driven-outfit-with-runa-acquisition/

에서 창업한 Runa를 인수하면서 20대로 구성된 젊은 직원 50명 규모의 팀을 확보했다. 그 팀은 브랜드 자산(로열티 고객)의 육성, 구축을 담당하고 있다. 사업의 핵심을 이노베이션 기술 추구로 설정하고 아마존, 월마트 등의 거인을 추격한다. 래버러토리를 통한 광고주들의 스타트업 기업 인수는 '수확'이 아닌 '미래를 위한 씨앗'이라 할 수 있다.

비스포크 에이전시도 등장

광고주 측의 트렌드와 대조적인 것이, 각 브랜드를 담당하는 엄선된 광고대행사를 혼성하여 조직한 비스포크 에이전시(Bespoke Agency)의 등장이다.

옴니콤의 DAS(Diversified Agency Service)와 같이 필요 시 산하 회사를 묶어서 서비스에 임하는 프로젝트, 서비스 단위로 움직이는 느슨한 부서는 1990년대부터 존재해 왔다. 그러나 P/L을 분리하지 않으면 회사로서 기능하지 못하므로, P/L을 별개로 취급한 회사로 설립했다.

P/L을 분리한 혼성 회사로서는 WPP가 포드모터를 겨냥해 편성한 팀 디트로이트가 유명하다. 자동차 업체는 취급고도 높아 이를 노리는 광고대행사로서 그림 20과 같은 형태를 취하고 있다.

그림 20. 팀 디트로이트의 구성도

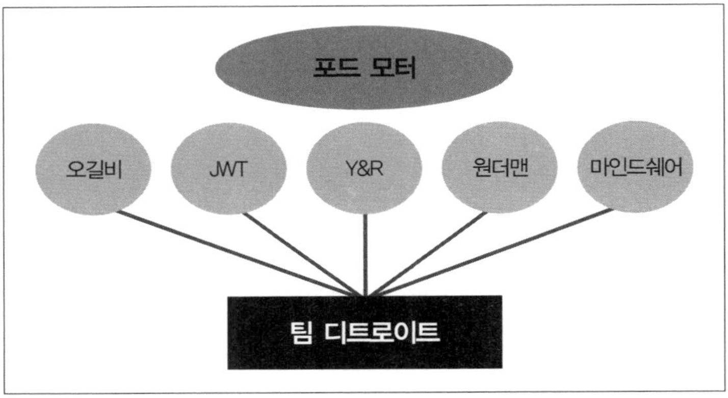

포드 모터

오길비 JWT Y&R 원더맨 마인드쉐어

팀 디트로이트

팀 디트로이트 : 오길비, JWT, Y&R, 원더맨, 마인드쉐어로 구성된 WPP의 혼성 에이전시로, P/L도 관리하는 회사조직 (출처 : http : //teamdetroit.com/aboutus.php)

2013년, 닛산자동차는 옴니콤이 편성한 닛산 유나이티드라는 회사와 3년 계약을 체결했다.[23] TBWA와 OMD(미디어), 인터브랜드(브랜딩), 크리티컬 매스(디지털), 에머네이트(PR) 등이 포진되어 있었는데, HAKUHODO의 이름도 발표 자료에 들어 있었다.[24]

글로벌화하는 마케터

광고주 내부 인재들의 글로벌화는 광고대행사의 조직 체제에도 영

---

23) Advertising Age 〈Nissan Becomes Latest Carmaker to Set Up a Bespoke Agency〉 2013년 10월 3일 http://adage.com/article/agency-news/nissan-latest-carmaker-set-a-bespoke-agency/244525/

24) Adweek 〈Nissan United will be led by TBWA's Jon Castle By Andrew McMains〉 2013년 10월 3일 http://www.adweek.com/news/advertising-branding/omnicom-hatches-dedicated-unit-nissan-15285929)

향을 미치게 될 것이다. 타 업계에 눈을 돌려보면, 2013년 말 다케다제약이 GSK 그룹 자회사의 경영자였던 웨버를 2014년 6월부터 사장으로 발탁한다고 밝혀 화제를 모았다.[25] 이는 갑자기 일어난 사건이 아니다. 다케다제약의 경우 이미 집행 임원 11명 가운데 7명이 외국 국적의 인재였다.

마찬가지로 카를로스 곤이 이끄는 닛산자동차의 경우에도 글로벌 마케팅 커뮤니케이션 부문의 루드 블리스 집행 임원이 마케팅 최종책임자를 맡고 있다. 닛산의 집행 임원 중에는 이미 외국인 임원이 13명 있다.

드 블리스와 함께 업무를 진행하는 닛산 유나이티드의 리드 에이전시(경영이나 마케팅 분야의 과제를 해결하고 신규 사업을 개척하는 회사)는 하쿠호도가 아닌 TBWA로, 본사를 도쿄가 아닌 뉴욕에 두고 핵심 조직은 50명 정도로 편성하고 있다.

팀 디트로이트나 닛산 유나이티드와 같은 비스포크 에이전시의 흐름은, 덴츠가 팀 안드레를 대표이사로 임명하고 덴츠 이지스 네트워크가 설립되었던 움직임과 겹쳐진다. 광고주 측의 디지털화와 글로벌화에 대응한 결과다.

광고대행사 경영자에게 디지털 & 글로벌 팀을 이끄는 소양이 없다면 리드 에이전시가 될 수 없다. 결과적으로 로컬 광고대행사로서 저단가 가격 경쟁에 휘말리는 상황을 기다릴 수밖에 없어진다. 닛산 유나이티드에서 나타난 하쿠호도의 위치가 바로 이를 상징하고 있다.

---

25) 니혼게이자이신문 〈다케다약품 사장 "1년 후 웨버가 CEO 취임" 영국GSK 간부를 사장으로 기용〉 2013년 11월 30일 http://www.nikkei.com/article/DGXNASDD30014_Q3A131C1MM0000/

제5장
명암이 엇갈리는 일본의 상황

제5장
명암이 엇갈리는 일본의 상황

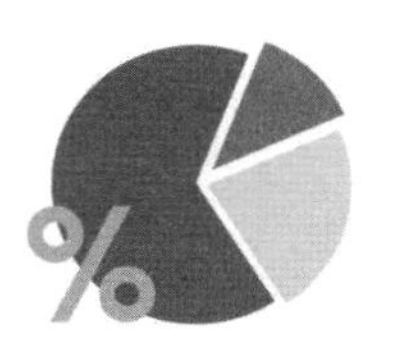

왜 일본의 광고대행사는 미국과 유럽에서 실패하는가

덴츠를 제외한 일본 주요 광고대행사의 해외 거점 현황을 정리한 것이 표 1이다. 아시아 거점을 넓히며 '그럭저럭 해나가고 있다'고 생각한다면 이는 우물 안 개구리와 다를 바 없다. P&G, 유니레버와 같은 글로벌 광고주 입장에서 원하는 기능이 전혀 마련되어 있지 않다. 그 결과 일본 관련 사업밖에 다룰 줄 모르는 광고대행사가 성장하는 상황이 초래되었다. 현재와 같은 해외 진출의 의의를 어디에 초점을 맞춰 평가하면 좋을지, 주주들조차 바라지 않은 상태일 것이다.

디지털화와 글로벌화는 표리일체라고 언급한 바 있다. 그런데 글로벌화 쪽이 남의 일처럼 느껴지는 경우가 많다. 그 결과 일본의 광고대행사는 뒤처지고 있을 뿐 아니라 미래 가치를 창출하지 못하는 자산유출을 가속화하고 있다.

표 1. 일본 주요 광고대행사의 해외 진출 현황(덴츠 제외)

		중국	홍콩	타이완	인도	인도네시아	한국	말레이시아	싱가포르	타이	베트남	UAE	필리핀	오스트레일리아	러시아	브라질	미국	프랑스	독일	영국	네덜란드
●	하쿠호도	● (12)	●	● (2)	● (2)	○ (2)	●	● (2)	● (2)	● (6)	● (2)	●		●	● (2)	○	○	●	●	●	
	아사츠 디케이	● (9)	● (2)	● (2)	●	● (2)	●	● (2)	● (3)	● (3)	● (2)	●	●		●		●		●		● (2)
●	다이코	● (3)		○	○				○	○	●										
●	요미우리 광고사	●																			
	옵트	●		●			● (2)		● (2)								●				
	사이버 에이전트								●												
	셉테니						●		●		●						●				
	DAC	●						●	●								○				
	도큐 에이전시																				
	I&S/BBDO																				
	아사히 광고사																				
	JR 동일본기획																				

엄밀하게 구분하기는 어렵지만 자사법인 또는 합병이라도 출자법인이 있는 경우를 ●, 그 이외에 손자회사, (법인이 아닌)주재사무소, 자본 관계가 없는 제휴이나 의존적인 관계가 아닌 자사가 직접 제휴하는 경우를 ○로 표시했다. 괄호 안의 숫자는 거점 수. 덴츠는 이지스 인수로 진출국 110개국, 거점수 300곳 이상에 이르므로 생략했다. (2013년 말 기준으로 각사의 HP와 결산자료를 참고하여 필자가 작성했다.)

일본 위주의 사고방식 아래 해외 진출을 지속하고 있다가는 향후 젊은 세대들이 경력을 쌓는데도 악영향을 끼치게 될 것이다. 우수한 인재가 타 업종이나 외국으로 빠져나가고 만다. 이러한 현상은 경영의 축 자체가 글로벌화하고 있는 일본 및 세계 전체에도 적용되는 이야기지만, 일본 광고대행사의 자만은 다른 업종과 비교했을 때 특히 지나친 감이 있다.

앞으로는 글로벌 광고주가 외국 자본과 손잡고 일본 시장으로 진출할 기회가 더욱 늘어난다. 물론 그중에는 덴츠 이지스 네트워크 등의 움직임도 포함된다. 또한, 테크놀로지 기업들의 진출도 활발해질 것이다. 한편, 글로벌 비즈니스 전개를 고려하는 일본 광고주는 외국자본을 파트너로 선택할 기회가 증가한다. 이 멈출 수 없는 흐름 속에서 일본 광고대행사가 미래를 향한 활로를 찾아내려면 어떠한 방법이 있을까. 결산자료를 통해 현재를 파악하면서, 변화해야 할 방향을 탐색해 보자.

매출의 90%를 '일본에서만' 벌어들이는 한계

"해외 진출을 시작한 지 30년이 지났는데도 아직 일본에서의 매출에 95% 의존하는 상황은 비정상적이다. 일본 광고주들의 뒤만 보고 쫓아갈 뿐인 해외 진출은 더 이상 안 된다."

대형 광고대행사 해외 법인의 한 간부의 입에서 나온 말이다. 일본 광고대행사의 해외 진출이란 '일본 국내 광고주들의 해외 진출을 지원'하는 의미인 경우가 많다. 이러한 발상을 지닌 채 글로벌 사업 전개를 통해 영업이익을 기반으로 수익 확대에 기여하기란 어렵다. 물론 밸런스 시트 상의 자산 증대에도 도움이 되지 못하고 있다. 그렇다면 현재의 글로벌 사업 전개는 과연 어떠한 상황인지 덴츠, 하쿠호도DY, 아사츠 디케이의 실적 자료를 살펴보자.

표 2는 하쿠호도DY의 2007년 3월기~2013년 3월기 애뉴얼 리포트를 정리한 표다. 일목요연하지만 해외 매출은 그룹 연결 매출 합계 중 고작 3%대다. 게다가 지난 7년간 이렇다 할 성장을 보이지 못하고 있다. 또한, 하쿠호도DY는 2011년 이후 해외 시장의 영업이익 공표를 중지했다. 본사와 해외의 내부거래 중복을 배제하고 관리 부문의 부담 등을 고려하면, 2007년부터 2010년경 사이에 해외 거점에서는 1년당 적어도 10억 엔 단위, 표에 기재된 단순 결산으로는 간접 비용을 포함하여 약 50억 엔 전후의 부담이 되고 있다. 2012년에는 인수한 미국법인의 영업권 비용 약 10억 엔을 상각 계상하고, 투자법인을 취소했다.[1)]

표 2. 해외 비율은 '고작' 3%대

	매출액			
	일본	해외	연결	해외/연결비
2007	1,057,158	31,285	1,088,443	2.9%
2008	1,092,531	32,171	1,118,750	2.9%
2009	1,005,210	35,457	1,033,396	3.4%
2010	894,434	27,689	917,065	3.0%
2011	905,746	30,730	936,476	3.3%
2012	940,406	37,915	978,321	3.9%
2013	1,009,072	36.359	1,045,431	3.5%

1) 하쿠호도DY 홀딩스 제9기 유가증권보고서 69페이지
http://www.hakuhododу-holdings.co.jp/ir/library/asr/pdf/HDYril20711.pdf
제10기 사분기 보고서 15페이지 http://www.hakuhodody-holdings.co.jp/ir/library/asr/pdf/HDYirl20816.pdf

	영업이익			
	일본(A)	해외(B)	연결(C)	해외의 부담(C)-(A)
2007	26,334	53	24,454	-1,880
2008	27,609	254	25,007	-2,602
2009	20,413	352	15,016	-5,397
2010	11,777	-300	6,136	-5,641
2011	2011년부터 영업이익 미공표			
2012				
2013				

하쿠호도DY 홀딩스 〈애뉴얼 리포트〉 2007년 3월기~2013년 3월기
http://www.hakuhododv-holdings.co.jp/ir/library/ar/ 을 참고로 작성(단위 : 백만 엔)

그림 1. 글로벌 영역의 성장은 아직 미실현

글로벌 영역은 중점 지역(중국 · 아시아 지역)을 중심으로 체제 강화를 추진했지만 중일 관계 악화 등의 영향으로 전년 대비 매출액이 –3%를 기록했다.

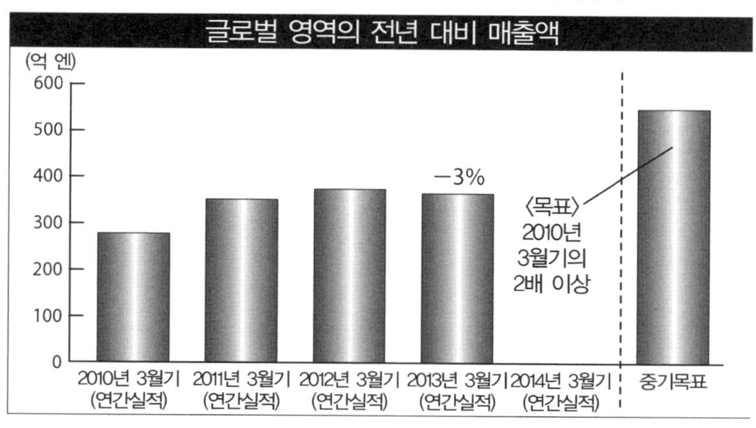

구체적인 강화책
· **솔루션 제공 체제의 추가 확충** 〈기존 광고영역〉 · 하쿠호도심지광고(博報堂心知広告) 설립(H) · FLP SINGAPORE와 자본업무 제휴(Y) 〈컨설팅 영역〉 · 하쿠호도 컨설팅 아시아 퍼시픽 설립(H) 〈인터랙티브 마케팅 영역〉 · lab + 개설(DAC/iREP) · DIGITAL MARKETING INDONESIA(가칭) 설립 준비(iREP) 〈PR영역〉 · Mileage communications와 전략적 제휴(OZMA) · **아시아 퍼시픽 영역의 위상 제고** · The Best of the Best advertising agency 2년 연속 1위(하쿠호도 인도네시아) · 중국 국제광고제 금상 수상(iST)

(출처 : 하쿠호도DY 〈2013년 3월기 연간결산 설명회 자료〉 http : //www.hakuhodody-holdings.co.jp/ir/library/document/)

다음으로 아사츠 디케이.(표 3) 매출 대비 비율로 2007년 12월기부터 2012년 12월기까지 해외 비율에 큰 변화는 없다. 영업이익에서는 일본 본사의 영업적자가 지속되고 있던 탓에 일본과 해외의 역전현상이 일어나는 듯하다. 글로벌 사업 전개 이전에 일본 본사의 과제가 많아 보인다.

표 3. 일본과 해외의 역전 현상이 일어나는 듯 보이는 아사츠 디케이

	매출액			
	일본	해외	연결	해외/연결비※
2007	424,913	29,825	435,011	7.2%
2008	394,150	23,921	399,452	6.2%
2009	349,933	21,213	350,211	5.4%
2010	343,900	26,381	346,565	6.8%
2011	343,985	27,476	347,111	7.4%
2012	355,986	29,388	350,822	7.8%

	영업이익			
	일본(A)	해외(B)	연결(C)	(B) / (C)
2007	6,858	347	7,134	4.9%
2008	2,315	609	3,699	16.5%
2009	-1,348	514	-756	NA
2010	-1,277	1,031	22	NA
2011	2,643	1,120	3,852	29.1%
2012	1,625	1,458	3,175	45.9%

아사츠 디케이 〈결산 설명회 자료〉 2007년 12월기~2012년 12월기
http://www.adk.jp/html/ir/presentation/backnumber.html을 참고하여 작성(해외비율〈※〉 부분만
동사 〈유가증권 보고서〉 2007년 12월기~2012년 12월기
http://www.adk.jp/html/ir/securities/backnumber.html을 참고하여 작성(단위 : 100만 엔)

마지막으로 덴츠다.(표 4) 2013년 3월기는 이지스 인수 수치를 포함하지 않은 것이다. 다음 분기를 합산하면 매출총이익 기준으로 해외 비율이 44%에 이르며, 2014년 목표를 55%라고 밝혔다.[2] 2011

2) 덴츠 애뉴얼 리포트 2013 http://www.dentsu.co.jp/ri/data/annual/2013/index.html

년경부터 인수 효과가 발휘되어 매출액의 비율은 14%까지 확대되었다. 이 수치는 덴츠가 자력으로 신장시킨 결과라고는 하나 이익공헌 비율은 전체의 10% 미만이었다.

표 4. 해외 비율을 꾸준히 향상시킨 덴츠

	매출액			
	일본	해외	연결	해외/연결비
2007	1,887,629	206,347	2,093,976	9.9%
2008	1,875,598	181,955	2,057,554	8.8%
2009	1,721,735	165,434	1,887,170	8.8%
2010	1,540,329	138,288	1,678,618	8.2%
2011	1,629,582	203,866	1,833,449	11.1%
2012	1,639,874	253,181	1,893,055	13.4%
2013	1,666,033	275,189	1,941,223	14.2%

	영업이익			
	일본(A)	해외(B)	연결(C)	(B) / (C)
2007	57,485	4,776	62,834	7.6%
2008	55,804	253	56,126	0.5%
2009	39,257	4,067	43,184	9.4%
2010	35,828	1,535	37,323	4.1%
2011	47,393	3,702	50,937	7.3%
2012	47,976	3,877	51,977	7.5%
2013	53,431	4,789	58,466	8.2%

덴츠 파이낸셜 팩트북에서 필자가 집계한 자료다. 단위는 100만 엔. (출처 : 덴츠 〈파이낸셜 팩트북〉 2007~2013 http://www.dentsu.co.jp/ir/data/factbook.html)

단어 사용에서 확연히 드러나는 의식 차이

이어서 각 기업이 얼마만큼 글로벌 사업 전개를 의식하고 있는지 판단하기 위해 '해외', '글로벌', '미국', '네트워크', '인재', '인수' 와 같은 단어의 등장 횟수를 결산자료에서 뽑아 보았다.(표 5)

표 5. '말의 쓰임새'로 확연하게 드러나는 의식 차이

	해외	글로벌	미국	네트워크	인재	인수
덴츠	79	33	49	38	27	44
하쿠호도DY	17	8	10	14	13	2
아사츠 디케이	61	9	25	8	20	12

유가증권 보고서에 등장한 단어들(2011~2012)를 세었다. '미국'은 '아메리카'와 'America'도 포함시켰다. 단위는 횟수. 덴츠와 하쿠호도DY는 각각 2013년 3월기와 2012년 3월기. 아사츠 디케이는 2012년 12월기와 2011년 12월기. 각 보고서는 거의 균등한 페이지 수였다. (덴츠 〈유가증권 보고서〉 http://www.dentsu.co.jp/ir/data/yuka_shoken/ 하쿠호도DY 홀딩스 〈유가증권 보고서〉 http://www.hakuhodody-holdings.co.jp/ir/library/asr/ 아사츠 디케이 〈유가증권 보고서〉 http://www.adk.jp/html/ir/securities/backnumber.html 을 참고로 작성)

각 기업의 의식 차이를 분명하게 알 수 있다. 덴츠는 '해외', '글로벌' 영역을 언급하는 횟수도 많다. 한편, 이들 단어와 연관성이 적은 하쿠호도DY에는 국내 지향적인 인상이 강해 '글로벌', '인수'에 대한 의욕 부족이 두드러졌다. 아사츠 디케이가 표방하는 '해외'는 '글로벌', '네트워크'와 그다지 관련이 없는 의미로 보였다.

하쿠호도DY는 옴니콤과 장기적인 관계를 유지하면서 거리를 두고 있다. 퍼블리시스 옴니콤 그룹을 곁눈질하면서도 독자성을 고집하여 고립되고 있는 모양새다. 어째서 퍼블리시스 옴니콤 그룹과 손잡으려 하지 않는 것일까. 또한, 전략 거점을 아시아로 규정하여 독자적인 일본제 툴도 개발해 각 거점에 도입시키고 있다. 그들의 해외 사업 영역은 수백억 엔 규모에 이를 텐데도 그 P/L과 B/S를 발표하지 않은 채 툴 개발과 법인 개설에 투자하고 있다.

아사츠 디케이는 WPP라는 친척이 있는데도, 그룹M을 필두로 WPP 산하 기업과 손잡는 데 따른 이점이 어느 정도일지 지금껏 탐색 중인 듯하다. 국외 네트워크뿐만 아니라 국내에서조차 정보망에서 배제된 상황이다. 온라인 광고대행사 3개사와 사이버 커뮤니케이션즈, 디지털 애드버타이징 컨소시엄은 당연한 일이라 해도 덴츠나 하쿠호도DY도 2007년부터 2013년에 걸쳐 디지털 미디어 취급고를 몇 배로 증가시키기는 했지만, 그동안 거의 현상 유지만 할 뿐 상위 기업에 뒤처지고 말았다. 표 6은 대형 디지털 미디어 취급고의 추이를 나타낸 것이다.

표 6. 대형 디지털 미디어 취급과 추이

	2012	2011	2010	2009	2008	2007	
덴츠	48,984	45,392	34,606	26,220	23,990	21,545	3월말 합계
하쿠호도	21,522	22,698※1	15,612	15,788	12,787	11,965	3월말 합계
아사츠디케이	9,024	8,276	8,913※2	13,115	13,467	13,506	12월말 합계
참고							
DAC 연결매출	96,319	82,785※1	77,943	47,915	45,826	38,688	3월말 합계
사이버 에이전트 연결매출	141,111	119,578	96,650	93,897	87,097	76,007	9월말 합계
셉테니 연결매출	41,358	34,632	32,648	33,046	30,700	25,863	9월말 합계

각사 결산 설명회 자료, 애뉴얼 리포트, 파이낸셜 팩트북 등을 참고하여 작성. 덴츠는 〈인터랙티브 미디어〉, 하쿠호도는 〈인터넷 미디어〉, 아사츠 디케이는 〈디지털미디어〉의 수치를 적용했다.(덴츠〈파이낸셜 팩트북 http : //www.dentsu.co.jp/ir/data/factbook.html 하쿠호도DY홀딩스〈애뉴얼 리포트〉 http : //www.hakuhodody-holdings.co.jp/ir/library/ar/ 아사츠 디케이〈결산설명회 자료〉http : //www.adk.jp/html/ir/presentation/backnumber.html)

※1 하쿠호도, 디지털 애드버타이징 컨소시엄은 2011년 회계결산기를 변경했다.(16개월분 계상)

※2 아사츠 디케이는 인터랙티브의 구분변경이 있었다. 이에 따라 전년대비 약 50~60억엔 정도의 차가 정정되었다.

해외 거점의 성장이 저조하다

또한, 하쿠호도DY(그룹 3사)+아사츠 디케이의 해외 성장률을 살펴보면, 2007년~2012년까지 해외 비즈니스(≒아시아)의 매출액 기준 성장은 시장 자체의 성장과 글로벌 광고대행사들과 비교해 사실상 후퇴했다.(표 7) 덴츠도 33% 정도에 불과하다.

표 7. 2007년부터 2012년까지의 해외 매출액 증가

회사명	증가율
덴츠	+33%
하쿠호도DY	+16%
참고	
WPP	+127%
옴니콤	+101%
인터퍼블릭 그룹	+44%

WPP, 옴니콤, 인터퍼블릭 그룹은 아시아 지역(을 포함한 영역) 증가율. 각사의 애뉴얼 리포트, 결산 설명회 자료를 참고로 필자가 계산한 것이다. 퍼블리시스는 구획 변경에 따라 해당 지역의 비교 데이터를 입수하지 못했다. 지역 구분은 기업별로 각기 달라 아시아와 구분하는 회사도 있는가 하면 다른 지역을 포함하는 경우도 있다. URL 표기는 다수 존재하므로 여기서는 생략했다.

그동안 외국 자본은 아시아 근방에서 WPP 127%, 옴니콤 101%로 세 자리수의 증가율을 보였고 인터퍼블릭 그룹도 44%라는 수치를 기록했다. 오디언스 데이터 획득에 초점을 맞추고 데이터를 보유한 회사를 사들임으로써 비즈니스 점유율을 높이고 있는 것이다.

덧붙이자면, 10년 전으로 되돌아가 덴츠의 2002년 3월기 발표에서 해외 비율은 6.5%였다.[3] 이 수치에 대한 평가는 제쳐두더라도, 덴츠의 기존 방식으로 6%대에서 14%대로 성장하는데 10년 걸린 셈이다. 이대로는 문제가 있음을 깨달았으리라.

3) 덴츠 애뉴얼 리포트 2002 http://www.dentsu.co.jp/ri/data/pdf/AR2002_J8-1.pdf

일본의 영향권 아래에서 '광고 수출'을 지향하다

'사활을 걸겠다'는 구호 아래 일본 광고주의 비즈니스 영역 확대에 동참하는 형태로 일본 광고대행사들은 중국 및 아시아(이하 아시아로 표기)에 잇따라 법인을 설립했다. 하지만 이는 도쿄 중심의 영업 지역을 그저 다른 곳으로 바꿨을 뿐으로, 제 영역을 개척하는데 지나지 않았다. 1970년부터 1980년에 걸쳐 일본식의 안이한 '광고 수출' 지향을 지속한 셈이다.

현지 법인에서는 채산이 맞는 일본계 관련 안건이 많아, 이를 매일 적절히 처리하는 것만으로도 어느 정도는 경영이 유지되는 측면이 있다. 아니, 사실은 유지되고 있다고 믿을 뿐 '잠재적 위기가 아직 눈에 보이지 않는' 상태라 할 수 있다. "우리 사무소는 일본계뿐만 아니라 현지 비율을 높이고 있다."라고 주장하는 거점도 있을 것이다. 하지만 현지 법인을 인수했다는 뉴스도 거의 들은 바 없고, 현지 법인명도 글로벌을 의식하지 않은 일본 사명 그대로를 쓰며 현지 대표자도 일본인인 경우가 많다. 로컬 비즈니스로서 현지 인재가 사업을 성장시키는 전략은 뒤로 미뤄지고 있다.

일본 광고대행사는 우선 일본 기준으로 타국에서도 사업을 추진하려는 의식을 없애야 한다. 일본계 광고주를 쫓아 1980년대에 구축한 '일본계 네트워크' 재구축을 위해 일본 측에서 마련한 인재풀을 때맞춰 교체하듯 로테이션 시키기만 해서는 곤란하다.

일본 측의 안이한 발상은 현지화를 외치면서도 일본인 시각에서 당연하게 여겨지는 역할을 현지에 강요하는 형태로 나타난다. 현지 지점에서는 그 역할을 제대로 해내기 위해 궁리하느라 능동적인 시책 수립을 소홀히 하게 된다. 현지 기업과의 제휴조차 수동적인 제휴에 그친다. OKY("당신이 와서 직접 해봐라."라는 일본어 문장의 머리글자를 딴 약어-역자 주)라는 비즈니스 은어는 본사에서 불합리한 지시가 내려왔을 때 현지 직원들 사이에서 흘러나오는 불평이다.

일본의 광고대행사는 신흥국에 진출하는 방식도 획일적이다. 앞서 표 1에서도 알 수 있듯, 싱가포르와 중국(상하이)에 한결같이 검은 색원이 집중되어 있다. 그 지역에서라면 매매 후 남은 물건이라도 얻을 확률이 높기 때문이다. 성장률이 높다거나 순조롭게 성장 중이라고 반론해도, 미국과 유럽 그리고 현지 광고대행사는 더욱 신속하게 오디언스 데이터 도달률과 프리미엄 광고를 확보하기 위해 인수와 비즈니스 전환으로 점유율을 끌어올리고 있다. 덴츠 이지스 네트워크는 폴란드의 소셜 광고대행사를 2014년 1월에 인수했다.[4] 이와 같은 움직임이 필요한 시대다.

감당하기 힘든 미국과 유럽 시장

구미에서도 일본 광고대행사들은 계속 부진을 면치 못하고 있다. 일본의 광고대행사는 미국과 유럽 인재들이 "저 (일본계) 기업에서 일하고 싶다."라고 할 만한 현지 브랜드를 전혀 구축하지 못했다. 그에 앞서, 자력만으로는 불가능하다는 현실을 모르고 있다. 그 때문에 브랜드 영향력이 미치는 유리한 시장인 아시아에서 안도하는 상황인 것이다.

예전에 "벤치에 바보들만 앉아 있으니 야구가 안 된다."라며 중얼거린 야구 투수가 있었다. 이 말을 진지하게 되새겨보자. 현재의 경영진

---

4) 덴츠 뉴스 릴리스 〈폴란드의 소셜미디어 에이전시인 '소셜라이저사' 주식 100% 취득 예정〉 2014년 1월 20일 http://www.dentsu.co.jp/news/release/2014/pdf/2014006-0120.pdf

으로는 어려운 상황이라면, 지금 30~40대인 인재들이야말로 솔선해서 자기 일처럼 움직여 주었으면 한다. 전술한 글로벌 기업의 경영자들도 30대 중반부터 40대 중반 무렵 글로벌 기업의 사장이 되었다. 디지털, 글로벌 감각이 없다면 기업 경영이 불가능한 시대다. 이러한 의미에서 젊은이들과 중견 인재들은 먼저 현 상황을 자신의 일처럼 받아들일 필요가 있다. 새로운 롤모델이 될 주목받는 인재로 거듭나 "자급자족주의, 이대로 좋은가?", "자만하고 있어도 될 때인가?"와 같은 질문을 스스로에게 던져보길 바란다. 지금이야말로 자신의 역량 구축에 대해 원점으로 되돌아가 생각해보고 도약할 수 있는 기회다.

지금까지와 전혀 다른 대책이 필요하다

글로벌화를 추진하고 싶다면 먼저 글로벌화의 구호 아래 거점을 하나씩 설치하는 방식을 개선해야 한다. 진정한 글로벌 마케팅을 목표로 한다면, 덴츠와 같은 완전히 새로운 방안이 필요하다. 그 수준까지는 나아가지 않더라도 여하튼 목표는 '절반은 글로벌 체질로 변화'하는 것이다. 글로벌 기업을 있는 그대로 본뜨지 않아도 좋다.

과거에 인터내셔널화(본사를 기점으로 한 수출 네트워크)를 거쳐 글로벌화를 단계적으로 이룩하자는 논의도 있었으나, 이는 디지털 보급 이전의 아날로그 방식이었다. 이러한 인터내셔널화야말로 중심을 일본에 둔 채 일본에서 해외로 진출한다는 발상을 낳은 주범이다. 글로벌화란 중심을 세계에 두고 각각의 영역에서 성장을 지향하는 것이다. 게다가 이제는 테크놀로지 보급으로 인해 곧바로 글로벌화를 추진하는 단계가 가능한 시대가 도래하여, 이를 향한 '절반의 글로벌'이라는 단계를 밟는 것이 중요해졌다. 덴츠는 2008년경부터의 5년 동안이 이러한 '절반의 글로벌' 단계였다.

다양성을 중시하고 활용한다

지리적인 의미에서 시장을 넓힌다는 목적으로 해외 거점을 확대하는 방안은 수정되어야 한다. 적어도 덴츠를 제외한 광고대행사에 있어서 지리적으로 시장을 넓히는 것은 그다지 의미가 없다. 해외 진출=시장확대라는 판에 박힌 공식에서 일단 멀어져야 한다. 이는 국외를 무시하라는 의미가 아니며, 해외에 거점을 두지 말라는 이야기도 아니다. 해외 사업에 요구되는 사고방식을 '취급고' 기준으로 하는 것이 아니라 글로벌의 다양성을 수용하는(또는 키워나가거나 친숙해지는) 데 기준을 두는 시대가 온 것이다.

글로벌에서의 도달률이나 해외 거점이 필요한 광고주와 사업을 할 경우라면, 그 플랫폼을 이미 지니고 있는 글로벌 광고대행사와 협업하면 문제는 해결된다. 그렇지만 일본 광고주들이 매출액을 늘리기 위해 만든 거점은 다른 글로벌 광고대행사들과 협업한다는 발상 자체가 존재하지 않는다. 따라서 자체적으로 근근이 거래처를 넓혀가는 악순환에 빠져 작은 거래처에 매달리는 거점이 잔존하게 된다.

애초에 광고주를 글로벌 지향으로 하면서 자력으로 확대하려면 여태껏 언급했듯이 전혀 다른 수준의 작전이 필요하다. 그러므로 지리적인 시장 확대가 자사 정책의 핵심 요소가 아니라는 발상을 지니고, 요구되는 것은 바로 '베스트 인 클래스'임을 명심해야 한다.

이를 위해서는 우선 기본자세가 중요하다. 이는 정신을 논하는 것이 아니다. 각지 각 분야의 우수한 인재들이 지닌 사고방식과 능력을 폭넓게 받아들이는 자세와 태도가 필요하다. 아시아를 보면서 일본이 발전하고 있다며 자만할 것이 아니라 외국 자본을 적극적으로 수용하는 자세를 갖자. 뺏느냐 빼앗기느냐를 의식한 작은 주도권 다툼이 아닌 윈윈(win-win) 전략이 있다는 사실을 믿고 외부에 적극적으로 마음을 열어야 한다.

경영진, 디렉터, 간부들이 이러한 의식을 지닐 필요가 있다. 내부 인재의 승격보다 외부 인재를 기용해서라도, 의식 있는 인재를 경영자로 세워야 한다. 현지 매니지먼트나 우수한 직원에게 충분한 보수 및 승진 기회를 제공하거나 해당 지역에 정통한 인재를 모으는 방식으로 바뀌어야 한다.

〈애드버타이징 에이지〉에는 아시아 광고대행사가 자국 직원을 해외에 파견하는 방식에서, 미국과 유럽계 인재 등용 및 인수로 전환되고 있는 현실을 보도하고 있다. 덴츠의 안드레도 일본에서 채용되어 근속해온 인물이 아니라 외부에서 들여온 인재다. 안드레에 이어 덴츠는 덴츠 이지스 네트워크의 제리 불먼을 덴츠 본사의 두 번째 외국인 집행 임원으로 기용했다.[5]

한발 앞서 나가는 한국과 중국의 광고대행사

한국 1위 광고대행사 제일기획은 오랫동안 삼성의 전속 광고대행사로서 해외 진출을 도모했다. 일본의 광고대행사들과 마찬가지로 자국 광고주를 쫓아 해외 시장을 개척했고, 그 결과 한계에 이른 상태가 지속되었다. 2008년부터 방향을 돌려 레오 버넷UK의 브루스 헤인스

---

5) 덴츠 뉴스 릴리스 〈제리 불먼이 당사 집행임원에 취임〉 2013년 6월 27일 http://www.dentsu.co.jp/news/release/2013/pdf/2013079-0627.pdf#page=1

(Bruce Haines)를 서울 본사의 글로벌 최고집행책임자로 임명한 데 이어 위든 앤드 케네디의 버즈 소이어를 미국법인 CEO로 영입했다. 나아가 미국 바바리안 그룹과 맥키니를 인수하여[6] 한국적 방식이 통용되지 않도록 제일기획의 미국법인을 맥키니 조직 내부에 편입시켰다. 제일기획은 창업 40년째, 본사 직원 수 1,200명으로 Adage Data Center 2013년 발표에 따르면 글로벌 순위 15위로 아사츠 디케이보다 한 계단 위에 위치하고 있다.

또한, 중국의 PR 회사 그룹 블루포커스는 2013년 12월에 런던의 소셜 광고대행사 인수를 발표했다.[7] 중국 기업들은 자신보다 역량이 뛰어난 구미 기업을 인수하여 파트너로 삼으면서, 이를 두고 "인수 덕택에 MBA 출신 인재를 일부러 고용하는 수고를 덜게 되었다."라고 표현했다. 이러한 예는 모두 '국산을 해외로 수출'하는 것이 아닌 해당 분야, 해당 지역의 노하우와 방식에 맡기려는(또는 도입하려는) 자세에서 비롯된 것이다.

교육이 아닌 투자를 실시

일본 광고대행사의 문제점 중 하나는 경영자, 즉 리더를 각국의 우수한 인재들 중에서 확보하지 못하고 있는 것이다. 이를 해결하려면 인수 전략을 세울 때 '조직을 있는 그대로 들여오는' 관점도 필요하다.

단순히 현지 사원을 채용해야 한다는 의미가 아니다. 지금까지의

---

6) Business Wire 〈제일기획이 세계 최고 수준의 실행력을 갖춘 미국의 독립광고대행사 맥키니를 인수〉 2012년 8월 http://www.businesswire.com/news/home/20120802005517/ja/#.UyWQo-d_uw4
7) Advertising Age 〈Chienese PR Group BlueFocus Buys London-Based We Are Social〉 2013년 12월 17일 http://adage.com/article/global-news/chinese-pr-group-bluefocus-buys-london-based-social/245733

방식은 우선 일본인을 경영자로 부임시킨 뒤 주재원이 현지에 적응하면 현지 직원을 고용해 OJT로 직원을 교육하고, 육성한 직원을 간부로 승격시키는 수순이었다. 이를 '현지화'라고 불렀다. 중심축은 일본에 둔 채이므로, 일본이 더 우위이며 해외는 일본의 자회사라는 인식을 낳게 되는 방식이다.

이 같은 방식이 아니라, 현지 비즈니스를 함께 개발하며 의사소통이 가능한 리더와 파트너를 찾아야 한다. 적임자인 리더나 파트너를 찾아낸 지역부터 투자 판단을 하는 식의 기준을 세울 필요가 있다. 이를 위한 파이프라인을 빈틈없이 구축하여 10억 엔 단위의 예산화를 시행해야 한다. 덴츠는 항상 60가지의 파이프라인 안건이 테이블 위에 있다고 한다.[8)]

기존 발상으로는 '목표 지역에 거래 가능한 일본계 기업이 있는지' '예상 고객이 존재하는지'가 진출의 기준이었다. 중요한 것은, 빠른 수익 확보 여부가 기준이 아니라 그 지역의 팀 또는 회사가 매력적이라면 투자하겠다는 발상으로 전환하는 자세다. 키워나가야 할 대상은 자신(본사)의 거래가 아닌 현지 파트너인 것이다.

'감독' 대신 '협력'하자

일본에서 멀리 떨어진 타지에서 경영진에 투자하는 경우, '리더나 비즈니스 파트너는 누가 감독하나', '무리하게 추진하는 건 아닌가' 하고 걱정하는 목소리도 종종 들려온다. 일본 기업이 과감하게 투자하

---

8) Bloomberg〈WPP, Dentsu Circle for Business From Publicis-Omnicom Merger〉 2013년 11월 22일 http://ww.bloomberg.com/news/2013-11-21/wpp-dentsu-circle-for-new-business-from-publicis-omnicom-merger.html

더니 그 이후로는 잠잠해진 사례를 들자면 끝이 없다. 하쿠호도DY도 2003년 두 개의 미국 기업에 출자하여 현지 리더 육성을 시도했지만, 결국 거점을 (슬그머니)폐쇄하고 말았다. 덴츠도 현재의 상태에 도달하기까지는 실로 고난의 연속이었다. 그러나 실패했다고 해서 쇄국 상태에 있을 것이 아니라 끝없이 도전하는 조직이 되어야 한다.

무리한 추진을 자제시키고 감독을 강화해야 한다는 의식은 처음부터 '위험'하며 '관리가 필요'하다는 관점을 갖고 있으므로 생겨난다. 결코 그렇지 않다. 매력적인 비즈니스를 추진하기 위해 서로 윈윈할 수 있는 파트너는 세계에 다수 존재한다. 본사가 위, 해외 자회사가 아래라는 식의 계층적 사고방식을 일소한 다음, 서로 협력할 수 있는 파트너를 찾아 육성해야 한다.

파트너와 진출국을 고려할 때 진출 난이도가 높고 낮음을 구분할 필요는 없다. 기존 발상으로는 일본인과의 친화성 유무, 상거래 습관 및 법규제도 정비 여부 등 '일본인이 진출하기 용이한가'를 토대로 판단하는 경우가 많았다. 그 때문에 아시아 지역이 선택지에 이름을 올리기 마련이었다.

하지만 역으로, 해당 지역과 국가에서 성장하고 있는 비즈니스 및 인재를 찾아낸다면 투자를 실시하겠다는 사고방식으로 전환해 보는 것은 어떨까. 이때 투자처가 될 상대 측을 끌어당기는 자사(자신)의 매력(비전)은 당연히 중요해진다. 하지만 이것이야말로 진입 장벽을 낮추는 도구가 될 것이다.

어떠한 노하우와 재능을 결집시킬 것인가

진출 지역 선정의 일례로 디지털 영역에 강한 광고대행사 R/GA(인터퍼블릭 그룹)의 사례를 들어 보자. 사원 수 1,200명의 회사이지만 나이키와 거래 관계를 맺는 등 〈애드버타이징 에이지〉의 리스트에서는 A랭크(=최고 수준)의 평가를 받는 광고대행사다.[9]

만약 당신이 R/GA의 경영자라면 다음으로 어느 지역에 법인을 설립하려고 생각할까. 일본식이라면 캐나다나 멕시코일까. R/GA의 대답은 런던의 다음으로 부에노스아이레스(아르헨티나), 상파울로(브라질), 싱가포르, 부쿠레슈티(루마니아), 스톡홀름(스웨덴), 시드니(오스트레일리아)다. 그 후 드디어 상하이로 확대하였다.

근접성, 시장 규모, 언어 등은 기준 가운데 하나에 불과하다는 사실을 알 수 있다. 그 지역에 R/GA와 공감할 수 있는 인재와 팀이 있었던 장소에 투자를 한 것이다. 그것도 최근 2년 사이에 말이다.

마이애미에 본사를 두고 있는 크리스핀 포터 & 보거스키(사원 수 약 1,000명)은 런던, 고텐부르크(스웨덴), 볼더(콜로라도주), 산타모니카(캘리포니아)에 이어 현재 상파울로(브라질)을 검토 중이다. 어째서 스칸디나비아 지역과 로키 산맥인지 흥미로운 부분이다.

이들 사례는 해외 사무소 설치 자체가 목적이 아니라, 네트워크를 통해 다양한 지식과 기술을 디지털 상에 집결시키는 것을 목적으로 하고 있음을 보여준다. 다양성을 지닌 거점을 확보하고 거점 기능을 하나로 통합시키는 일을 광고대행사의 핵심 요소로 전환시키고 있는 것이다.

R/GA는 전 세계 1,200명의 사원이 상시 브로드밴드에 의한 화상회의 시스템을 활용한다. 런던의 프로듀서와 상파울로의 디자이너, 부

---

9) Advertising Age 〈Ad Age's 2013 Agency A-List〉 2013년 1월 28일 http://adage.com/article/special-report-agency-alist-2013/ad-age-s-2013-agency-a-list/239302/

쿠레슈티의 프로그래머가 서로 연결할 수 있다. 협업한 경험이 없는 부서끼리 조합하여 새로운 부서도 만들 수 있다. 개인의 경력 축적에 대한 선택권도 넓어질 수 있는, 광고대행사의 새로운 업무 방식이다. 본사가 주축이 되어 추진하는 규모 확장이 아니다. 모든 거점이 본사에 휘둘리지 않고 현지 비즈니스를 탄탄하게 키워나가고 있다.

외부의 발상을 수용하면 관점이 바뀐다

국외 진출만이 사업 확장의 기회가 아니다. 외부로부터의 유입을 내부에서 받아들이는 체제 구축도 사업을 신장시키는 방법이 될 것이다. 예를 들어, I & S가 2000년에 I & S BBDO로서 새롭게 출발하게 된 결단은 I & S와 고객의 시점으로 보면 충분히 지혜로운 생각이었다. 미국 모회사인 디스클로저 폴리시의 방침에 따라 매출 데이터가 일본 단일 기업으로는 공표할 수 없게 되었으므로, 일본 순위에서 I & S의 이름이 사라져 대졸 신입사원이나 인재를 채용하기 어려워졌다는 이야기는 들은 바 있다. 하지만 이제는 거대 그룹이 된 퍼블리시스 옴니콤 그룹의 산하에 있다.

일본계 회사를 외국 자본에 매각하라고 부추기는 것이 아니라 글로벌 전략 사례로서, 동시에 효율적인 전략 가운데 하나로서 일본 광고기업이 외국 자본의 내부 수용을 적극 검토해 주었으면 한다. I & S는 구호뿐인 '해외'와 '글로벌'에 자기 자산을 낭비하지 않았다. 그 대신 퍼블리시스 옴니콤 그룹의 플랫폼과 글로벌 광고주를 일본 시장에 침투시키는 데 특화할 수 있는 포지션을 얻었다. 사원 수 400명 규모의 기업으로서 충분히 검토해 볼 수 있는 전략이다. 다양성을 수용하는 의식, 그것을 효율적으로 활용하는 자세의 결과일 것이다. 앞으로도 퍼블리시스 옴니콤 그룹과 I&S BBDO에게 기대하는 바가 크다.

외국계 광고대행사만이 협력 대상은 아니다. 예를 들어, 최근 일본에 진출하거나 진출을 계획하고 있는 회사들 가운데는 핀터레스트, 소셜커머스인 팹, 개인의 빈 방을 대여하는 서비스를 중개하는 플랫폼인 에어비앤비, 승용차 배차 애플리케이션 우버, 음악 스트리밍 서비스인 스포티파이, 스마트폰 결제 시스템 스퀘어 등 독자적인 사업을 전개하는 회사가 많다.

광고와 마케팅 지원 사업으로 범위를 좁혀도 많은 애드 테크놀로지 기업들이 진출해 있는 상황으로 덴츠, 디지털 애드버타이징 컨소시엄 등은 특히 능동적으로 협업을 모색하고 있는 듯 보인다. 우선 자신부터 변화하여 외부에 마음을 열면 크게 성장할 수 있음을 깨달았으리라.

외국계 온라인 기업에서 역으로 인재를 채용한다

구글, 페이스북 등 외국계 온라인 기업을 직접 겪어본 인재들은 글로벌 비즈니스와 현지 비즈니스의 포인트를 이해하면서 테크놀로지에도 강한 면모를 보인다. 시스템 및 데이터 애널리스트도 그 범주 안에 널리 포함되지만, 해당 분야의 인재가 광고대행사를 선택할 기회는 매우 적다. 애초에 이들 인재에게 광고대행사는 고려 대상이 아니라고 판단되는 경우가 많다. 즉 광고대행사 입장에서는 원하는 인재가 유출되고 있는 상황이다. 채용 시스템과 보수 체계를 전략적으로 구축하지 않으면 테크놀로지와 글로벌 비즈니스에 정통한 인재를 눈앞에서 놓치는 사태를 빚게 된다. 인재를 더 원활하게 채용하기 위해서라도 일본 중심적인 자만심은 금물이다.

재능 있는 개성을 수용하기 위해 다양성을 중시하고, 외국 자본을 도입하는 열린 자세는 결코 정신론이 아니다. 일본의 광고대행사에 필요한 '전술'이다. 해외 현지 법인의 실적을 회복시키기 위한 처방전이 아닌, 새로운 매니지먼트가 나아가야 할 방향이다. 차세대형 광고대행사와, 그곳에서 경력을 쌓는 인재에게 있어 표준적인 사고방식이 될 것이다.

제6장
차세대형 광고맨에게 필요한 스킬

제6장

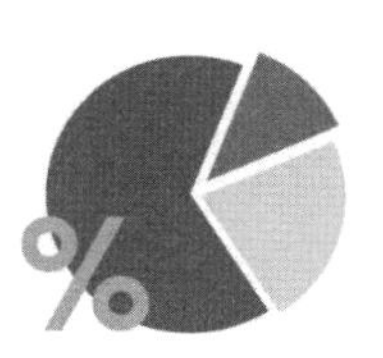

R/GA가 정의한 차세대 스킬 세트

〈애드버타이징 에이지〉가 A랭크로 평가하는 디지털 에이전시 R/GA가 정의하는 스킬 세트를 참고하여, 차세대 광고맨에게 필요한 스킬을 생각해 보자. R/GA의 경우 스킬 세트는 그림 1과 같다.

그림 1. R/GA의 스킬 세트

디지털 스튜디오

- 인사이트 & 플래닝
- 미디어/커넥션
- 애널리틱스
- 비주얼 디자인
- 카피라이팅
- 인터랙션 디자인
- 테크놀로지

클라이언트 서비스

이러한 스킬 세트를 갖춤으로써 대처할 수 있는 업무는 다음 10가지다.

① 플랫폼/애플리케이션 개발
② 캠페인 디자인 & 실시
③ 디지털 광고
④ 릴레이션십 마케팅
⑤ E커머스
⑥ 시스테매틱 디자인
⑦ 브랜드 개발
⑧ 모바일
⑨ 소셜
⑩ 리테일

상기 내용을 살펴보면 어버브 더 라인(ATL), 빌로우 더 라인(BTL)과 같은 영역으로 나뉘어 브랜드 커뮤니케이션과 프로모션을 별도 진행하는 기존의 미국식 방식은, 디지털 영역에서는 이미 구시대적 모델이 되었다.

한편, 스킬 세트는 종래의 페이드 미디어 광고 포맷 안에서 표현하는 크리에이티브와 달리 트리플 미디어를 가정하고 있어 서비스 및 비즈니스 개발도 대상이 되고 있는 것을 알 수 있다. 일본 종합광고대행사의 조직, 스킬 세트, 대응 업무를 비교하며 설명해 보겠다.

플래너는 데이터 마케팅에 대응할 수 있는가

인사이트 & 플래닝은 커스터머 저니 데이터나, 대상자와 인터뷰어가 기본 1대1로 대화하는 심층면접법 등의 수법을 이용한 정성조사로부터 가설을 세워 커뮤니케이션 콘셉트를 창출하는 일이다. 마케팅 플래너나 전략 플래너의 직무가 이에 해당된다.

R/GA와는 달리 TV 광고와 같은 크리에이티브 제작이 주요 업무인 일본 종합광고대행사에서는, 가설을 세운 고객 인사이트를 데이터 관리 시스템(DMP) 등의 데이터를 통해 입증하고 타깃의 마음을 사로잡는 문맥이 무엇인지 명시하는 역할이 요구된다. 이를 기반으로 크리에이티브 콘셉트가 구축된다.

제1장에서도 언급했지만, 지금까지 광고대행사 플래너가 해온 일들은 향후 데이터 마케팅 시대에도 살릴 수 있다. 업무의 본질적 요소는 반드시 필요하다.

그 이유 가운데 하나는 전술한 바와 같이 정성조사를 토대로 한 가설 설계력이 요구되기 때문이다. 아무리 빅데이터가 존재하더라도 단순히 수많은 데이터가 있을 뿐이라면 의미가 없다. 데이터의 바다에서 어떠한 방식으로 분석해야 할지 결정하는 가설 구축 능력이 없는 한 데이터 홍수에 익사하게 될 뿐이다.

가설 구축 능력은 소비자와 마주하여 그 소비자 본인도 자각하지 못한 감정과 의식을 읽어내는 깊은 통찰력에서 비롯된다. 빅데이터 시대일수록 더욱 필요한 능력이다. 즉 빅데이터를 활용하려면 과거보다 더 정확한 정성조사가 이루어져야 한다. 200~300개 정도의 샘플을 이용한 정량조사로는 의미가 없으므로, 전수 데이터를 활용한 정량조사가 정착하게 된다.

데이터 관리 시스템의 중요한 기능으로 커스터머 저니 분석(유저의 행동 맥락에 근거한 분석)에 의한 고객 통찰이 있다. 이는 광고대행사가 지난 10여 년간 꾸준히 주장해온 '소비자 인사이트'를 플래너 개인의 능력으로 가설을 구축하고, 그에 더해 빅데이터를 사용하여 입증하는 것이라 할 수 있다.

즉 광고대행사의 플래너에게는 가설 구축과 그 입증에 이르기까지 데이터 관리 시스템을 구사하여 분석하고, 데이터를 지능화하는 스킬이 요구된다. 지금까지는 확고한 '가설 구축형'이 필요했지만, 앞으로는 커스터머 저니 데이터를 활용한 '문맥 발견형'의 마케팅이 필요한 것이다.

그리고 인사이트 & 플래닝이라는 직무를 짊어질 인재는 애널리틱스와 강한 연계가 필요해진다. 애널리틱스란 이른바 데이터 연구자인 동시에 정성조사를 설계 실사할 수 있는 스킬에 해당한다. 광고대행사의 플래너가 데이터 마케팅에 어떻게 대응하고, 빅데이터 분석을 자신들의 스킬로 만들 수 있는지가 광고대행사의 미래에 필요한 하나의 시금석이다.

한편, 광고대행사 내부에는 데이터 연구자가 거의 없기 때문에 외부에서 인재를 확보해야 한다. 이공계 대졸 신입사원을 적극적으로 채용하는 방안도 필요하다. 광고주가 인재를 데려가도록 방치하지만 말고, 광고대행사가 광고주 측 인재를 확보할 수 있게 노력하지 않으면 안 된다.

인사이트 & 플래닝의 평가를 최대치로 올리려면 데이터 분석 결과를 커뮤니케이션 설계 및 상품 개발에 어떻게 적용할 수 있는지가 중요하다. 특히 데이터에서 발견한 소비자 인사이트를 광고 크리에이티브 제작에 연계할 수 있는지가 플래너의 명운을 결정한다.

나아가 크리에이티브의 좋고 나쁨은 항상 데이터로 결정되기 때문에, 플래너 스스로 PDCA 작업에 깊이 관여해야 한다. “손이 너무 많이 간다.”라며 신경 쓰기를 꺼린다면 그 일을 그만두는 편이 낫다.

데이터를 통해 고객에게 호소할 수 있는 대상을 발견하여 크리에이티브 콘셉트를 크리에이터와 공동 개발하고, 이와 함께 효과 측정 데이터를 토대로 개선 프로그램을 설정할 수 있다. 이러한 발상과 행동이 가능한 플래너가 주도권을 쥔다면 그들은 차세대형 광고대행사의 핵심 인물이 될 것이다.

임기응변식 광고 캠페인 진행

이전부터 광고 캠페인에 관한 조사는 캠페인이 종료한 뒤부터 실시되는 것이었다. 일련의 광고 캠페인 활동에 대한 성과로서, 고객인지와 구입 의향이 얼마나 변화했는지 확인해야 하므로 당연한 일이다. 그러나 이것만으로는 파악은 했다 하더라도 그 대책에 대해서는 이듬해 광고 캠페인을 기약하는 결과가 발생한다.

실시 중인 광고 캠페인을 실시간으로 파악하고 최적화할 수 있게 되면 유용할 것이다. 프로그래밍이나 게임 개발 프로세스에 애자일(Agile) 방식 개발이란 모델이 있듯이, 소비자 반응을 디지털 데이터로 단시간에 파악할 수 있다. 광고 캠페인에 대한 소비자 반응 및 효과를 실시간으로 측정하면서 전략을 수정하는 것이 차세대형 광고 캠페인 진행이다. 이때 실시간으로 파악해야 할 중요한 지표를 몇 가지로 한정하여 그 지표의 한계점에 따라 기본적인 대응책을 사전에 마련해 둘 필요가 있다.

브랜드 커뮤니케이션에 대한 소비자 반응을 트위터, 페이스북, 블로

그 등으로 확인하는 경우도 종종 있다. 소비자와 원활하게 커뮤니케이션을 취하면 다른 수많은 소비자에게 강한 인상을 남기기도 한다.

따라서 예산 설정과 그 쓰임새에 대한 관점을 기존과 다르게 바꿀 필요가 있다. 사전 계획 그대로 모든 예산을 다 써버리면 소비자의 요구에 부응하고 싶어도 예산 부족으로 대처하지 못하는 상황이 생긴다.

총 예산 중 1할 정도를 예비 예산으로 책정하여 임기응변식 광고 캠페인에 사용할 수 있게 준비해 두어야 한다. 브랜드 커뮤니케이션은 소비자와의 상호 커뮤니케이션이라는 의식을 갖고 계획할 필요가 있다.

갈수록 확장되는 대상 영역에 대한 대응

미디어/커넥션은 타깃과의 각 접점(콘택트 포인트)을 설계하는 스킬이다. 지금까지의 종합광고대행사 소속 미디어 플래너와는 의미가 다르다. 이 직무를 담당하는 인재로는 SP 플래너와 미디어 개발 실적이 있는 플래너가 해당된다.

그리고 해당 업무에서 중요한 점은 이제부터 콘택트 포인트=데이터 수집 포인트라는 부분이다. '오프라인에서 온라인으로'를 뜻하는 오프라인 투 온라인은 고객 데이터를 확보하기 위한 전략이다. 다양한 접점을 통해 커뮤니케이션과 동시에 데이터 수집을 시도하고, 이를 토대로 다른 접점에서의 커뮤니케이션을 기획할 수 있는 미디어 플래너가 되어야 한다.

차세대 크리에이터는 돌연변이로 탄생한다

비주얼 디자인, 카피라이팅, 인터랙션 디자인은 크리에이티브의 재편을 의미한다. 그래픽, CF 제작 등 이른바 광고 크리에이티브 스킬과는 완전히 별개의 스킬이다.

필자는 종종 종래형 광고대행사 크리에이터와 온라인 광고대행사 크리에이터의 차이를 야구에 비유하여 표현하곤 한다. 종래형 광고대행사 크리에이터는 홈런 타자로, 언제나 야구 배트를 세게 휘두르지만 홈런이 나와도 삼진을 당해도 왜 그렇게 되었는지 검증하지 않는다. 반면 온라인 광고대행사 크리에이터는 번트 전문가다. 야구 배트의 각도를 1도씩 조정해서 공이 굴러가는 방식 변화를 확인하여 출루율이 어떻게 향상되는지만 생각한다.

종래형 광고대행사가 오랜 시간 구축한 크리에이티브란 콘셉트 워크부터 시작된다. 발상을 일단 확장해서 무수한 카피를 써낸 후 이를 한데 모아 수렴한다. 화이트 보드에 카피를 힘껏 써 갈기고 키워드를 쓴 카드를 여기저기 갖다 붙인다.

반면 온라인 광고대행사가 취급하는 상품은 검색연동형 광고나 배너 광고이므로 광고문이나 배너 속 PC 화면, 그것도 일정한 틀 안에서의 작업으로 진행된다. 그리고 크리에이티브 시 사용할 이미지와 영상 촬영에 대한 경험도 부족하다. 이래서는 크리에이티브라고 말할 수 없다. 정확하게 표현하면 갖고 있는 소재를 최적화하는 것, 즉 크리에이티브 어댑테이션(adaptation)[1]에 불과하다.

광고 크리에이티브를 제작해온 종합광고대행사도 타깃이 그에 반응

---

1) 본사에서 제작한 광고물을 지역별로 사용(집행)할 수 있도록 더빙(또는 자막) 등을 수정하는 작업으로, 여기서는 기존 소재 또는 타인이 만든 광고물의 수정작업을 의미한다. (역자 주)

했는지 검증하는 기술이 없고, 그러한 문화도 없었다. 동일한 상품의 크리에이티브는 광고주와 광고대행사 측 크리에이터가 싫증이 나면 새롭게 만들어 바뀐다. 타깃의 감정이나 상품의 침투 정도, 반응을 검증하지 않으므로 감과 경험에 의한 판단에 맡길 수밖에 없었던 것이다. 사실은 대부분의 경우에 타깃은 싫증이 나기는커녕 인식조차 하지 못한다.

미디어매스의 조 자와즈키는 차세대 크리에이터에 대해 〈뉴욕타임스〉에서 이렇게 언급했다.

> "차세대 크리에이터란 디지털 시대의 흐름을 아는 인재, 즉 1000개의 아이디어를 창출하여 디지털화하고, 어떤 것이 소비자의 반응을 얻는지 확인하고 분석할 수 있는 능력의 소유자[2]"
> (Mr.Zawadzki said the future for creative talent would be "to come up with thousands of ideas, put them out there and see what works.")

종합광고대행사의 주특기였던 아이디어 창출과 온라인 광고대행사의 주업무인 디지털 부문 검증은 서로 다른 분야다. 그러나 자와즈키도 지적하듯이, 미래의 크리에이터는 양쪽의 스킬이 모두 요구될 것이다.

그때는 서로의 장점을 흡수하여 스킬 세트를 확립하는 방법과, 요구되는 스킬 세트를 종합해서 처음부터 육성하는 방법이 있다. 후자는 스킬을 확립한 1명의 인재에 의존하고, 새로운 인재로 전수를 시도하는 방법이다.

---

2) The New York Times 〈Advertising Companies Fret Over a Digital Talent Gap〉 2011년 10월 30일 http://www.nytimes.com/2011/10/31/business/media/ad-companies-face-a-widening-talent-gap.html?pagewanted=all&_r=0

하지만 이 경우는 스킬을 확립한 1명의 인재가, 자신의 스킬이 어떻게 육성되어 확립되었는지 조사해서 다른 사람이 동일한 스킬을 형성할 수 있도록 설계도를 그려야 한다. 그러기 위해서는 노하우와 스킬을 일단 중요한 요소별로 분해하여 파악해야 한다. 필자는 서로의 장점을 수렴하는 것만으로는 새로운 스킬 세트를 확립할 수 없다고 본다. 그것은 그렇게 간단한 일이 아니다. 1명의 우수한 인재 안에서 융합이 일어나 갑작스러운 변이가 발생한다. 바로 거기서 '신(新) 인재'는 탄생한다.

디지털을 중심으로 생각한다

장인 기질이 있었던 종래형 광고대행사의 크리에이터는 스승과 제자 관계이지, 훈련사와 훈련생 관계가 아니었다. 그렇다면 미래의 훈련사인 신 인재는 어떠한 환경에서 태어날까. 이를 위해서는 먼저, 분석 수치에 관련된 플래너와 팀을 이룰 필요가 있다.

종래 광고대행사의 스킬 개발은 수직적으로 미디어, 크리에이티브, 마케팅, SP 등의 분야에 소속되어 그 안에서 이루어졌으나, 차세대형 광고맨의 스킬 세트는 지금까지의 경향을 '리셋'하는 것이므로 일단 디지털을 중심으로 두고 기존의 모든 스킬 세트를 보류하는 데서 시작된다.

이때 크리에이터는 항상 모든 스킬 세트에 관여해야 한다. 효과 검증이 가능한 디지털 광고에 있어 양질의 크리에이티브를 창출하고 개선하는 것이, 광고 효과를 최대화하는 가장 중요한 요소가 되어야 하기 때문이다.

차세대형 크리에이터에게 요구되는 스킬의 또 한 가지 방향성은 '크리에이티브'의 개념을 확장해 '커뮤니케이션 플래닝' 영역에까지 넓히는 일이다.

근래 들어 광고대행사가 제창한 개념 가운데 하나가 '커뮤니케이션 플래닝'이다. 그 영향으로 커뮤니케이션 플래너라는 직종을 만든 광고대행사가 지난 10년간 상당히 늘어났다.

그러나 설령 커뮤니케이션 플래닝 부서를 설치했다고 해도 어느 부문에 둘 것인지 판단하기 어렵다. 크리에이티브 부문, 마케팅 부문, 또는 어카운트 플래닝 부문으로서 영업 일선과 가까운 곳에 설치하는 등 시행착오가 반복되었지만, 결국은 어정쩡한 상태다.

그도 그럴 것이, 광고보다 커뮤니케이션 플래닝은 훨씬 폭넓은 영역의 개념이다. 광고 판매를 목적으로 조직이 편성되어 있는 광고대행사 안에 제대로 자리 잡을 리가 만무하다.

광고, PR, 콘텐츠 등 커뮤니케이션이 가능한 모든 수단을 구사하여 커뮤니케이션을 설계해야 하므로, 커뮤니케이션 플래너라 불리는 인재는 미디어 전체에 관련된 지식과 깊은 브랜드 이해도, 소비자 통찰력에 더해 다양한 전략 설계와 그 효과 검증법에 뛰어나야 한다. 이러한 스킬 세트가 매스미디어 광고를 팔기 위해 발전시킨 수직적인 직종 및 스킬 구성으로 성립되는 광고대행사에서 제대로 편성되기 힘든 것은 당연하다.

트리플 미디어라는 개념이 등장한 지 오래지만, 최근에는 '페이드 미디어에서 착안하는 것이 아니라 온드 미디어/언드 미디어에서 착안하여 페이드 미디어로 보완'하는 관점도 나타났다(그림 2). 각각의 머리글자를 따면 P→O→E에서 O→E→p가 되며 p가 소문자인 것은 핵심 요소가 아니기 때문이다. 이는 향후 커뮤니케이션을 설계할 때 전제가 되는 관점이다.

그림 2. P → O → E에서 O → E → p로

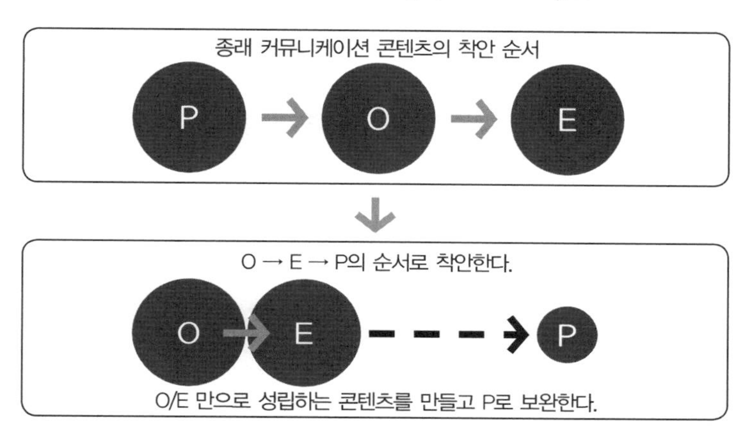

나아가 커뮤니케이션 플래닝이 다루는 범위는 페이드 미디어뿐만 아니라, 전략적 PR에서의 정보 크리에이티브, 그리고 종래 광고 영역을 뛰어넘어 특정 콘텐츠를 기획 및 제작, 실시하는 것을 가리키는 브랜디드 콘텐츠(Branded Contents)로까지 확장된다[3](그림 3). 또한, 커뮤니케이션의 목적을 달성하기 위한 방법론은 영상이나 읽을거리는 물론, 소비자에 대한 서비스 개발과 새로운 비즈니스 개발로 확대되고 있다(그림 4). 종래의 '광고 비즈니스'라는 틀을 넘어선 발상을 지닌 크리에이터가 요구되고 있는 것이다.

---

3) MarkeZine 〈차세대 광고 커뮤니케이션의 키워드, 브랜디드 콘텐츠란 무엇인가?〉 2013년 5월 22일 http://markezine.jp/article/detail/17748

그림 3. 새로운 마케팅 커뮤니케이션 개발의 관점

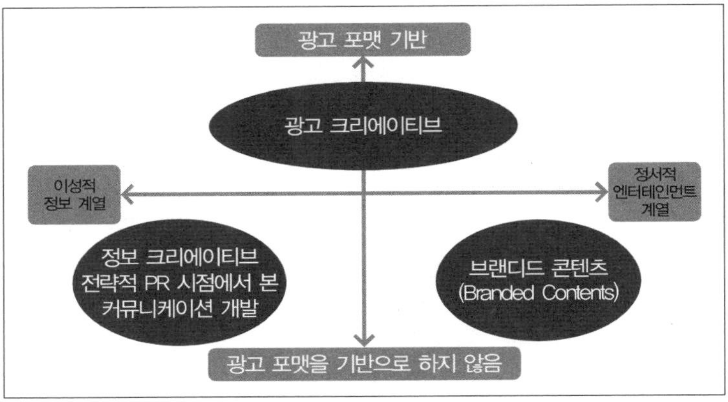

광고 포맷 기반
광고 크리에이티브
이성적 정보 계열
정서적 엔터테인먼트 계열
정보 크리에이티브 전략적 PR 시점에서 본 커뮤니케이션 개발
브랜디드 콘텐츠 (Branded Contents)
광고 포맷을 기반으로 하지 않음

광고 포맷 기반의 커뮤니케이션 개발 접근법에서 전략적 PR 발상, 브랜디드 콘텐츠 발상을 포함한 넓은 시야가 필요하다.

그림 4. 마케팅 커뮤니케이션 시책의 영역 확대

커뮤니케이션 콘텐츠 개발
웹서비스 개발
새로운 비즈니스 개발

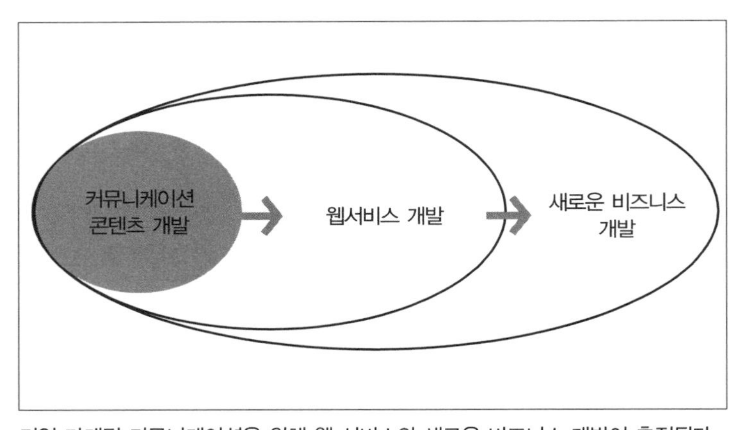

기업 마케팅 커뮤니케이션을 위해 웹 서비스와 새로운 비즈니스 개발이 추진된다.

테크놀로지 스킬이 전무하다

그리고 '테크놀로지'야말로 지금의 광고대행사에 전무한 스킬일 것이다. 여기서 말하는 테크놀로지란 이른바 정보 시스템 부문이 지니는 스킬과는 완전히 다르다. '마케팅을 이해하는 테크놀로지 전문가'가 지닌 스킬이자, 마케팅 영역에서 활용되는 다양한 테크놀로지(그림 5) 이용법을 광고주에 제안하고 도입 · 운용에 관한 컨설팅이 가능한 능력을 지니는 것이다. 또한, 자사 내에서 테크놀로지 측면의 접근법을 시도하여 아이디어 창출과 지원을 담당하는 역할이다.

이러한 스킬 세트를 육성하기란 상당히 어렵다. 애당초 광고대행사에 없는 인재이니 당연히 외부에서 확보해야 하지만, 광고와 마케팅 커뮤니케이션의 본질을 이해하는 테크놀로지 전문가는 현재 거의 없다.

필자는 테크놀로지 측 인재에게 광고와 마케팅 커뮤니케이션 분야 습득을 촉구하는 연수 워크숍을 진행하기도 하는데, 소질을 지닌 인재도 꽤 존재한다. 원래부터 분야가 다른 인재를 교육하는 것이므로 육성이 쉽지 않겠지만, 포기해서는 안 된다.

그림 5. 마케팅 영역의 테크놀로지

가장 중요한 것은 '제일선'

광고대행사에서 가장 개혁이 요구되는 기능은 제일선에 해당되는 '영업'이다. 앞으로 광고대행사의 제일선은 (구태여 '영업'이라는 단어는 쓰지 않겠다) 전문가를 종횡무진으로 활용하는 존재여야 한다. 서커스 맹수 조련사의 이미지에 가까울지도 모른다.

기존 영업맨의 종류를 크게 나눠보면 2가지 유형이 있다고 할 수 있다. 플래너, 크리에이터, 미디어 담당 등 각 직원들을 통솔하여 프로듀스하는, 이른바 원스톱형 영업맨과 그 자신이 전문가로서 기능하는 스페셜리스트형 영업맨 유형이다. 하지만 스페셜리스트형이라고 해도 실제 대부분의 경우에는 연락책 기능밖에 하지 못하는 영업맨도 많다.

제일선의 체계 구축은 향후 광고대행사가 무엇으로 수익을 창출할 것인지에 대한 과제와 밀접하게 연관된다. 미디어 광고 섹션을 판매하는 역할은 종래형 영업맨으로 충분하지만, 광고주가 반드시 미디어 광고를 사고 싶어하는 건 아니다. 자사가 지닌 마케팅 분야의 과제를 해결하고 싶은 것이다.

이 같은 전제를 바탕으로 광고주의 과제 해결을 위한 방안을 제공하려면, 영업 최전선에서 광고주의 요청에 부응하여 커뮤니케이션 플랜을 제안하고 프로듀스하는 역할인 '어카운트 플래너'가 제일선에 나설 필요가 생긴다.

또한, 테크놀로지를 능숙하게 활용함으로써 과제가 해결될 수 있다면, 그 분야에 정통한 전문 스태프가 앞장서는 방법도 진지하게 고려하는 편이 좋다. 광고주가 자사의 과제를 명확하게 파악하지 못한 경우에는 그에 대한 컨설팅 능력이 필요해지기도 한다.

고객을 가장 잘 이해할 자신이 있는가

처음부터 영업맨은 담당 기업에 대해 숙지하고 있어야 한다. 하지만 자신이 고객을 가장 잘 이해한다고 단언할 수 있는 영업맨은 과연 얼마나 될까.

예를 들어 담당 기업이 제조업체인 경우 실제 공장과 매장, 구입자를 제대로 취재하지 않는 경우도 많다. 업무가 과중한 점은 충분히 이해하지만, 본래는 영업맨이 담당 기업을 가장 잘 이해하고 있으므로 다른 직원들의 신뢰와 함께 의견을 요청받는 존재가 되어야 한다. 장기간 담당만 하고 있을 뿐, 직원들의 존경을 받지 못하는 영업맨이 많은 것도 사실이다.

보통 광고대행사에서 매출과 이익에 대해 책임지는 것은 영업맨인데, 사실 다른 직원을 비롯한 팀 전원에게 책임이 있다고 볼 수 있으며 이에 따른 의식 차이가 생겨나서는 안 된다.

한편으로, 전문 스태프야말로 광고주와 면밀하게 커뮤니케이션을 이행할 필요성이 높아지고 있다. 현재의 광고대행사에는 대인 커뮤니케이션이 부족한 인재가 있어서는 안 된다.

즉 영업이냐 스태프(staff)냐와 같은 고루한 사고방식을 먼저 버리고, 광고주의 창구는 누가 되어야 하는지 꼼꼼하게 재검토할 필요가 있다. '자신과는 상관없는 일'이라며 후방 영역으로 후퇴하는 유형의 인재는 필요없다. 매출과 이익에 대한 책임은 모든 직원에게 있다는 기업 풍토를 조성함으로써, 적극성을 지닌 전문 스태프를 늘리고 그러한 움직임을 평가하는 시스템을 구축해야 한다. 어떤 의미로는 '전원 영업, 전원 스페셜리스트'로서 제일선을 구성하는 방안도 실천해 봐야 한다.

고객과 함께 새로운 스킬 세트를 육성

매출이 높은 기업에서는 그 기업용의 비즈니스 유닛을 구성하는 것도 하나의 대응책이다. 함께 새로운 스킬 세트를 획득하는 것이다.

즉 광고대행사의 조직 기능으로서 대응하는 것이 아니라, 특정 광고주용 조직을 일선에서 자유자재로 구축할 수 있게 하여 필요한 인재를 배치 · 설정시켜 스킬 육성도 도모하는 방안이다.

광고주와 가까운 거리에서 광고주의 요구에 걸맞은 인재, 스킬 세트를 설정할 수 있으며 PDCA도 신속하게 실행할 수 있다. 이를 위해서는 외부에서 인재를 적극적으로 영입하고, 브랜드 커뮤니케이션 및 데이터 마케팅 부문 인재를 융합시켜 돌연변이가 발생할 환경을 조성해야 한다.

제일선에 비즈니스 유닛을 조성하고 과제 해결에 적합한 인재 배치를 외부도 포함한 형태로 실시하여, 함께 과제 해결을 도모하며 그 노하우도 습득한다. 결과적으로 이 유닛이 차세대형 광고대행사의 원형이 될 수 있을 것이므로, 우선적으로 추천하는 방안이다.

해외 디지털 마케팅 인재들의 '연봉 시세'

일본의 광고대행사는 혹독한 근무 환경에서 자부심을 찾기도 하는데, 실은 뉴욕에서 활약하고 있는 광고대행사들도 비슷한 환경에 있다. 독자 여러분을 격려하려는 의도는 아니나, 장시간 근로와 지각 엄금, 수많은 미팅, 사내 정치, 아침, 밤 회식 등등 일본과 상황은 똑같다. 이를 전제로 일본보다 한발 앞서 나가는 뉴욕 광고대행사에서 일어나는 일들과 연봉 시세 등을 소개해 보겠다.

먼저 언급할 부분은, 뉴욕 광고맨들은 자신의 가치를 높이는 일이 무엇인지 선별하고 이해하는데 시간을 쓴다는 점이다. 그리고 아이디어와 기획이 이익을 낳는다는 사실도 알고 있다. 계약 이외의 업무는 "안 합니다."라는 한마디로 일축하며, 기획서를 제출하는데도 비용을 청구한다. 시간 관리도 철저하므로 타임시트 관리는 엄격하다.

그리고 고객도 광고대행사를 선택하지만, 대행사도 고객을 선택한다. 이는 피(fee) 제도가 정착되어 있기 때문이다. 사원 개개인이 자신의 시간 가치를 중시하는 것이다.

전체적으로 연령은 젊지만 연령과 지위의 상관관계가 없거나 느슨한 점도 특징적이다. 젊은 부장, 나이 많은 프로그래머 등 제각각이다. 수개월에서 3년 정도 지나면 전직하여 경력 상승을 꾀한다. 회사 두세 곳을 거치면서 나름대로의 경력을 쌓은 인재는 급여 수준이 현격하게 상승하는 구조다. 타국을 분리해서 생각할 것이 아니라, 그 정황 속에 힌트가 숨어 있다고 봐야 한다. 직장 초년생이든 고용 측이든 차이가 클 때, 깨우침을 실천하는 자가 큰 이익을 얻는 법이다.

연봉 1000만 엔을 훌쩍 뛰어넘는 판매자 시장

미국의 경력 정보 사이트 'Glassdoor'를 알고 있는가? 이 사이트의 특징은 직원이 익명으로 제공하는 직장 및 급여에 관한 정보를 열람할 수 있다는 점이다. 너무 고액이거나 소액이 아닌 사례로, 이른바 중간 관리직 연봉을 그 사이트에서 발췌하여 소개해 본다.(표 1) 자신의 시간을 소중히 여기며 꾸준히 경력을 쌓은 '일반직(associate)'과 '간부직(senior)'을 예로 든다. 일반직보다 상급인 '임원직(director)'으로 승진하면 더욱 급여 수준이 올라가는 것은 예상하는 바와 같다. 일본인 중에도 미국 광고대행사에서 도전을 멈추지 않는 인재는 존재한다. 독자들은 경력 형성에 참고하고, 관리직의 경우에는 급여 체계를 고찰하는 데 도움이 되길 바란다.

미국 기업은 디지털 마케팅 분야 경력이 5년 정도 되는 인재로 역량만 갖췄다면 '연봉 1,000만 엔을 훌쩍 넘는 대우'를 해주는 시세가 나타나 있다. 이는 현재 판매자 시장에 좀처럼 인재가 발견되지 않다는 증거다. 광고주, 미디어, 애드 테크놀로지 기업, 광고대행사, 데이터 관리 기업 등이 하나같이 디지털 마케팅 인재 확보에 힘쓰고 있다. 새로운 경력에 도전하는 인재가 이 기회를 놓치지 않으려면 어떻게 해야 할까. 또한, 기업 측은 어떻게 대처해야 할까.

표 1. 유명 기업의 연봉 사례

단위 : 만 엔

기업	직책	사례수	연봉
P & G	Consumer & marketknowledge senior manager	15	1210~ 1,160
	marketing director	6	1,300~ 2,210
킴벌리 클라크	marketing manager	6	1,000~ 1,500
	senior brand manager	3	1,260~ 1,350
AKQA(WPP)	associate creative director	9	1,150~ 1,550
	technical manager	4	1,000~ 1,250
RG/A(IPG)	associate creative director	14	1,100~ 1,600
	senior producer	19	1,010~ 1,550
360i(Dentsu)	account director	4	900~ 1,500
	software architect	2	870~ 1,300
Razorfish (Publicis)	user experience lead	22	870~ 1,350
	senior technical architect	11	1,220~ 1,500
Epsilon	technical manager	9	950~ 1,230
	senior software engineer	7	900~ 1,330
RAPP (Omnicom)	associate creative director	4	950~ 1,470
	vice president analytics	2	1,690~ 1,820

Glassdoor http://www.glassdoor.com/index.htm을 참고하여 작성. 수많은 기업 가운데 대표적인 광고주 기업과 각 지주회사에서 디지털 부문 광고대행사로서 지명도가 있는 회사를 임의로 선정했다. 연봉의 폭은 기업 측 발표가 아닌 자발적으로 신고한 샘플에서 나타난 것이다.(2013년 말. 1달러=100엔 환산)

직원 채용의 현장은 '콘퍼런스'

뉴욕에서는 수많은 마케팅, 애드 테크놀로지 분야의 이벤트와 콘퍼런스가 개최된다. 이 중 제4장에서 소개한 '애드버타이징 위크' 다음으로 규모가 큰 이벤트가 '애드테크(ad : Tech)'다. 출장 등으로 애드테크에 참가하는 일본인들은 "나올 테크놀로지는 다 나온 감이 있어서 별로 볼 것이 없다."라는 감상을 털어놓는 일이 많다. 이는 참가에 대한 인식이 '강연 청강'이라는 업무 참고와 공부 방향에 치우쳐 있기 때문이다. 주목받는 각 기업들이 부스를 설치하고 사장이 연단에 등장해 강연하는 이유는 다른 데 있다. 사실 출전 기업들의 목적은 애드테크에 몰려드는 참가자들의 '채용'과 '스카우트'다. 참가자도 이러한 사정을 알고 있으므로, 자신의 프레젠테이션 능력을 높이고 정보 획득에 분주하다. '테크놀로지 공부'를 하는 시대는 벌써 지나간 것이다.

디지털 탤런트 갭이 발생한다

'디지털 탤런트 갭(Digital Talent Gap)'이라는 말을 알고 있는가. 요구되는 인재와 채용되는 인재가 지닌 디지털 스킬의 기대치 · 결과의 격차를 가리키지만, 이 말이 최근 들어 유행하고 있다. 기업이 요구하는 뛰어난 능력의 인재와 업무 현장의 사원 사이에 격차가 매년 벌어지는 가운데, 어떤 기업이든 높은 영역의 재능을 지닌 인재를 바라고 있다.

예를 들어, '전문적인 통계학 지식과 수학 지식을 갖추면서도 테크놀로지에 밝고 마케팅 센스를 지닌' 인재. 영어로 이런 말을 들으면 영화 속 '킹 기도라(king Ghidorah · 일본 괴수영화에 등장하는 머리셋 달린 괴물)'가 뇌리를 스친다.

그렇다면 표 1과 같은 직종에서 일하는 인재는 어떠한 경력을 거쳤을까. 답은 데이터 관련 직종을 거쳐 경력을 쌓는 경향을 보인다는 것이다. 업계 정보 사이트 '애드 익스체인저(Ad Exchanger)'의 구인 페이지는 4~5일마다 갱신된다. 표 2는 필자가 발췌한 정보다.

표 2. 유명 기업의 구인 사례

직종	기업명
Programmatic Account Executive	Time Inc. (대형 미디어)
Manager, Analytics - Audience On Demand	VivaKi (Publicis의 ATD)
Manager, Programmatic Specialist	Mediabrands-Cadreon (IPG의 ATD)
Director, Strategic Yield Management	Viacom (대형 미디어 복합기업)
Associate, Programmatic Buying	Netflix (온라인 비디오제공기업)
Solution Consultant	IPONWEB (애드 테크놀로지 기업)

나날이 데이터가 증가함에 따라 디지털 탤런트 갭은 확대일로다. 한 가지 단언할 수 있는 것은, 2014년 현재 명백하게 '수요가 공급을 크

게 웃돌고 있다'는 점이다. 즉 판매자 측(고용되는 쪽)이 유리하다는 사실은 틀림없으므로, 독자 여러분도 반길 일이다. 하지만 그 실태는, 기회를 살리지 못하는 사람이 많다. 이 같은 상황에 대해 미디어매스의 조 자와즈키는 "배우다 보면 좋은 기회가 눈앞에 널려 있는데, 이를 깨닫고 행동에 옮기는 사람을 극히 드물다."라고 충고한 바 있다.

판매자 시장에서는 채용하는 측도 난감하다. 애드 테크놀로지 비즈니스에 해박하고, 기업의 마케팅 과제도 해결할 수 있는 인재를 찾기 위한 유능한 채용 담당자가 없는 것이다. 외부 헤드헌터를 포함해도 수가 부족하다. 애드테크의 정보망을 비롯하여 모든 수단을 동원해도, 상기 능력을 겸비한 인재를 찾아내기까지 2~3개월은 걸리는 상황이다.

요구되는 능력이 변화하고 있다

미국 온라인 마케팅 인스티튜트가 〈The State of Digital Marketing Talent〉라는 무료 리포트를 2013년 말에 공개했다.[4) (그림 6) 이 리포트에서는 채용 측(광고주 및 광고대행사)과 고용된 측의 기대치 차이를 지적한다. 기업이 중요시하는 범주의 상위, 예를 들어 '데이터 애널리틱스(데이터 분석)', '콘텐츠 마케팅', '소셜미디어', 'E메일 마케팅' 그리고 이를 연결하는 플랫폼으로서 '모바일'에 대한 능력을 우선하는 순위로 이루어져 있다.(각각 백분율 지수로 약 70%) 주목하고 싶은 점은 이들 기업이 중시하는 것은 온드 미디어와 언드 미디어 영역이라는 것이다.(그림 3)

4) Online Marketing Institute(OMI) 〈The State of Digital Marketing Talent〉 http://learnit.onlinemarketinginstitute.org/TalentGapReport.html

그림 6. THE TALENT GAP

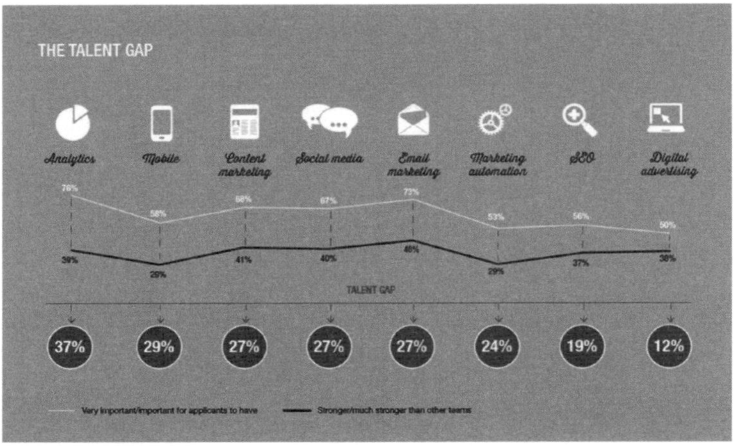

위쪽 꺾은선이 각 영역별 중요도. 아래쪽 꺾은선은 인재 확보 실감 수치. 격차가 클수록 기업 측에 인재가 충분하지 않다는 인식을 나타낸다. (출처 : Online Marketing Institute [OMI] 〈The State of Digital Marketing Talent〉 http://learnit.onlinemarketinginstitute.org/TalentGapReport.html)

이들 영역에서, 자사가 만족할 수 있는 인재 체제가 형성되어 있다고 답한 곳은 39~29%에 그쳤다. 갭이 기업 입장에서는 '심각한' 상태이고, 역량을 키워온 개인에게는 '최대의 기회'인 것이다. 한편, 페이드 미디어인 디지털 애드버타이징 항목에 시선을 옮겨 보면, 중요시 지수는 낮아지고(50%), 인재 확보 실감 수치(38%)와의 격차가 축소되고 있다.

바꿔 말하면 디지털 애드버타이징 분야의 데이터 스킬은, 이미 마케팅 전체적으로 보아 '누구라도 할 수 있는' 부가가치가 낮은 스킬이 된 것이다. 상급 스킬은 온드 미디어, 언드 미디어의 데이터를 살리는 스킬로 이행하고 있다.

'애드'가 앞에 붙는 애드 에이전시(광고대행사)는 겨우 이 사실을 눈치채고 비즈니스 도메인 변경을 시작했다.

해당 조사는 '포춘 500'의 리스트에 올라 있는 기업 및 광고대행사 700사 이상을 조사한 것인데, 포춘지에 게재될 정도로 규모가 크고 오랜 역사를 지닌 광고대행사 측 상황은 실로 심각하다. 애초에 광고대행사는 전통적으로 통계나 수학적 전문지식을 지닌 인재와 정량 분석 전문가에 대한 확보 우선도가 낮았다. 기억을 하는 독자도 있을지 모르겠다. 당시는 일정 수준의 커뮤니케이션 능력만 확보하고 있으면 고객과의 관계가 그럭저럭 유지되었다.

그러나 몇 년 전부터 미디어 분석 시의 지표가 오디언스 데이터와 직결되고 '애널리틱스' 스킬이 요구되기 시작했다. 이러한 파도는 나아가 '크리에이티브'의 영역까지 확장되어 디지털 부문 노하우를 지닌 크리에이티브 인재의 수요 증가로 이어졌다. 종래의 경험과 감을 지닌 크리에이티브가 통용되지 않는 시대가 된 것이다.

'애널리틱스'는 흔히 직업으로 알려져 있지만, 사실은 크리에이티브 인재에게 가장 요구되는 스킬이다. 예를 들어, '복수의 유저 분류에 복수의 시간축을 곱하여 페이스북, 트위터 등 언드 미디어 상의 반응에 맞춘 크리에이티브를 제작하고 TV 스폿 광고와 상승 효과를 유발' 하는 것이 요구된다.

2013년 슈퍼볼 정전 사건 때 오레오의 소셜미디어 활용에 대해 알고 있는가. 전대미문의 사태에 오레오 소셜미디어 팀은 "정전이라고? 아무 문제없다."라는 텍스트와 급히 준비한 영상광고를 내보냈다.[5)]

---

5) CNET Japan 〈'오레오' 트위터, 슈퍼볼 정전으로 화제-마케팅 대행사가 들려주는 뒷이야기〉 2013년 2월 6일 http://japan.cnet.com/news/offtopic/35027826/

그 트윗은 대단한 반향을 불러 일으켰다. 이처럼 뛰어난 재치를 보여 준 것은 오레오의 광고대행사인 360i였다. 말 그대로 라이브로 유연하게 대처하여 화제를 모은 좋은 예다.

스킬 육성과 채용이 급선무

이와 같은 상황 속에서, 광고대행사는 '인수', '제휴', '스킬 세트', '채용' 등 각각의 범주 안에서 지금까지와는 다른 결단이 필요한 실정이다.

인수에 의한 기업 변혁의 최신 사례로서 항상 거론되는 것이 WPP다. 제4장에서 소개했듯이 마틴 소렐의 결단에는 놀라지 않을 수 없다.

과감한 마틴 소렐의 방식보다 일본 기업이 참고할 만한 사안은 스킬 세트의 육성과 채용 분야일 것이다. 기업 내 대학과 강습은 일본 기업 내부적으로도 설립이 추진되었지만, 사내에 귀속되는 연수로 인재를 육성할 만한 기관은 아니었다.

옴니콤 그룹의 Goodby Silverstein & Partners에서는 'Ed'라 불리는 육성 프로그램을 마련했다. 포인트는 2가지다. 첫 번째는 외부 디지털 교육 프로그램 전문회사와 공동으로 프로그램을 운영하는 것. 두 번째는 '사원 전원이 테크놀로지스트'라는 콘셉트를 사원에게 제시한 것. 테크놀로지스트에 대한 고정관념을 완전히 배제하고, 경영자 자신도 프로그램에 참가하고 있다.

AKQA는 칸 국제광고제에서 '퓨처 라이온'이라는 학생 대상 대회를 2007년부터 개최하고 있다.[6] 테크놀로지 잡지 〈와이어드〉와 공동

---

6) AdverTimes 〈AKQA, 칸과 공동으로 학생 크리에이티브 대회 'Future Lions' 모집을 시작〉 2013년 4월 8일 http://www.advertimes.com/20130408/article107011/

개최한다. 2013년은 '드디어' 일본인 학생 그룹이 그랑프리를 획득하여 일본에서도 크게 주목받았다.[7]

'광고의 미래형은 광고에 없다(비즈니스 발명이어야 한다)'는 AKQA의 생각을 전하기에 충분한 자리로, 직접적인 채용은 없지만 장래성 있는 젊은이들에게 회사의 방침을 표명하고 있었다.

R/GA는 테크스타(Techstars)와 공동으로 스몰 스타트업 기업을 지원하는 '액셀러레이터'라는 프로그램을 마련했다. 테크놀로지, 마케팅, 글로벌을 키워드로 하여 신청한 스타트업 기업에게 1,200만 엔의 자금과 활동을 지원한다. 구체적으로는 그들에게 R/GA의 클라이언트 과제에 공동으로 착수할 기회(뉴욕 사무실에서 3개월 공동 작업)를 주거나, 벤처 캐피털, 기업가 멘토도 소개한다. 테크스타가 거느린 기업군은 모두 합해 수백억 엔의 기업 가치가 있다고 한다. 프로그래머 개발자 200명과 디자이너 300명을 보유한 R/GA가 기업 개혁에 더욱 박차를 가하기 위해 젊은 인재들을 스타트업과 함께 육성하는 방안인 것이다.

한편, 일본 광고대행사는 대졸 신입사원의 채용 비중이 높고 경력을 갖춘 유능한 인재 채용에 약하다. 디지털 탤런트 갭을 개선하기 위해 능력 있는 인재를 서둘러 고용한다고 해결될 문제는 아니다. 예를 들어, 데이터 마이닝과 애널리틱스를 구사하여 비즈니스 가치로 연결시키려면 인재보다 먼저 설계, 제도 구축이 필요하다. 해석 데이터와 수치를 비즈니스에 반영할 설계도를 먼저 작성해야 한다.

크리에이티브 인재 또한 동일한 과제가 있다고 봐도 좋다. 데이터 해석이 가능한 인재를 고용하는 것은 옳지만, 광고대행사의 경영층은

---

7) 터그래프사 뉴스 릴리스 〈당사 인턴이 Future Lions 일본인 첫 수상!〉 2013년 6월 28일 http://pantograph.co.jp/news/2013/06/28/future_lions/

데이터 활용을 시행하기 위한 설계를 서둘러야 한다. 그 점에서 볼 때 중견 광고대행사가 자체적으로 모든 안건을 소화하기란 힘든 일이다. 중견 광고대행사는 외부의 협력을 절실하게 필요로 하게 된다.

개인의 경력 상승을 원한다면, 전술한 스킬 세트는 물론 적극적으로 세미나와 콘퍼런스에 참가하여 외부와 원활하게 교류하는 것이 중요하다. 여기서는 더욱 독창적인 힌트를 2가지 소개한다.

글로벌 팀에서 활약할 수 있게 대비해야

애드 테크놀로지의 노하우 습득은 이미 누구나 행동에 옮기고 있는 표준적인 현상이다. 그보다 온드 미디어와 언드 미디어에 대하여 광고주 관점에서 노하우를 얻기 위해 데이터와 접촉할 기회를 만들어야 한다. 페이스북 지인들과 매일 쌓아가는 대화량만으로는 노하우가 남지 않는다. 외부 기업과 협력하고 광고업계 이외의 네트워크를 늘려가도록 하자.

외국계 벤더와 대기업의 동향은 특히 의식하며 지켜보기 바란다. 시스템, 실시 메뉴, 사례, 테스트, 협업, 그리고 가능하면 사업화에 이르기까지 깊게 파고들어 보자. 애드 테크놀로지 영역은 급격하게 범용화(commodity)가 진행되고 있다. 근간 일본의 대형 광고주가 대형 글로벌 IT기업의 시스템을 도입하게 되면 업계의 수렴화가 예상된다. 그때를 대비하여 최소한 '국산'에 집착하는 체질에서 탈피하지 않으면 안 된다.

기업에는 스핀오프라는 선택지도 있다

데이터 분석 스킬을 지닌 집단을 구축하고 플랫폼과 툴을 구사할 수 있게 된다면, 사내 기업 또는 분사의 가능성도 충분히 있을 것이다. 미국에는 본체에서 스핀오프한 독자적인 광고대행사가 무수히 존재한다. 사내 창업한 작은 유닛이 광고주와 긴밀하게 이어져 독자 사업을 전개하는 이미지다. 이미 실제 창업에 가까운 수준일 것이다. 디지털 마케팅 세계에서 광고대행사와 가장 치열한 경합을 벌이는 상대는 실리콘밸리의 기업을 비롯한 '사업을 창조'하는 팀 및 기업이다. 광고주 측 주문을 받아 제안 요청서(RFP)의 범위 내에서 업무를 완료할 것이 아니라, 광고주 측으로 한 걸음 더 다가가자.

자본과 규모가 그다지 크지 않더라도, 외부 플랫폼과 자신의 데이터 분석 및 활용 능력이 있으면 서비스가 성립되는 시대다. 개인의 역량을 올려 스핀오프하겠다는 자세를 가져도 좋다. 그러한 패기야말로, 자신이 소속된 기업을 탈바꿈시키는 원동력이 된다. 반대로 스핀오프가 등장하지 않는 광고대행사는 언젠가 쇠퇴하게 될 것이다.

제7장
가까운 미래 예측

제7장
가까운 미래 예측

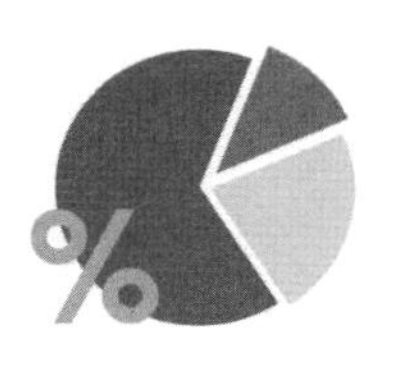

온라인 광고의 효과지표에 추가되는 '인지'와 '태도 변용'

2020년에는 거의 결말이 날 것으로 예상되는 광고업계의 대변혁. 먼저 2014~2015년에 걸쳐 '원년'이 됨직한 사건을 들어본다.

우선적으로 거론하고 싶은 것이 동영상 광고 보급에 따라 '인지', '태도 변용'과 같은 지표가 온라인 광고의 효과지표로 자리 잡는 현상이다. 웹상에서 직접 구매를 촉구하는 것만이 목표가 아니라, 상품을 취급하는 광고주가 광고 및 브랜드 인지, 그리고 구입 의향 등 태도 변용 효과에 주목하여 동영상 광고를 본격적으로 활용하게 된다.

오랫동안 온라인 광고의 효과지표는 클릭당 단가와 고객 획득 단가였다. 이제는 광고 표시(view-through)에 의한 컨버전 공헌도를 포함한 광고 효과를 추정할 수 있는 시대가 되었다. 하지만 실제로 검색연동형 광고의 입찰 키워드별 단가 데이터를 관리하고 어트리뷰션 분석(미디어별 컨버전에 대한 공헌도를 조사, 분석하는 것)을 구사하여 각 온라인 광고의 공헌도를 가시화함으로써 이에 근거한 예산 재배분을 실시하는 기업은 아직 드물다.

EC사이트 등 비즈니스 목표가 온라인 상에 있는 경우라면 상관없지만, 실제 매장에서의 판매가 주력인 광고주에게 온라인 광고 활용에 대한 효과지표를 어떻게 정의할 것인지는 커다란 과제였다. 올해부터는 온라인 광고에 의한 '인지', '태도 변용' 효과를 측정하는 흐름이 속도를 낼 것이다. 그리고 아마도 지금까지 지표로 삼아온 '클릭 횟수'가 '인지', '태도 변용'과 관련성을 갖지 않는 상황이 가시화될 것이다.

필자는 14년 전 《최신 온라인 광고 솔루션》(닛케이BP사, 2000년 8월)이란 제목의, 일본에서 처음 온라인 광고를 다룬 서적을 집필하였다. 그 책에서는 클릭률이 광고 인지와도 상관성 있는 지표라고 언급한 바 있다. 온라인 초창기 시절의 유저 행동으로는 맞는 이야기였지만, 다양한 광고 포맷이 등장한 지금은 아무래도 클릭과 인지, 태도 변용이 상관성이 있다고 보기 힘들어졌다. 클릭 수가 많을수록 인지를 획득했다거나 태도 변용에 기여했다고 단순하게 판단할 수 없다는 뜻이다.

동영상 광고를 TV 광고와 동일한 지표로 파악하면서, TV 광고와 동영상 광고에 어느 정도로 예산을 할당하면 가장 적절한지에 대해 예산 배분 모델을 만든다. 특히 TV 광고를 대량으로 이용하는 광고주들은, 효율적인 인지 획득과 함께 인지를 적극적인 구매 행동으로 연결짓는 수단으로서 검토하게 될 것이다.

미국에서는 동영상 광고를 TV 광고와 동등하게 평가하는 추세

미국에서는 동영상 광고를 TV 광고와 동일한 효과지표로 평가할 뿐 아니라, 그 구입 방법도 TV 광고 재고와 동일하게 업프론트(upf-ront)로 진행되기 시작했다. 업프론트란 미국의 광고업계 용어로, 매년 9월부터 시작되는 신규 프로그램에 맞춰 6월에 선예약 구매를 실시하는 판매 이벤트를 지칭한다. 일본식으로 바꿔 말하면 '기간별 예약 판매'쯤 될 것이다. 업프론트로 광고를 게재할 섹션은 프리미엄 상품을 구입하는데, 광고 집행은 유저에 따라 달리한다. 물론 일본은 아직 거리가 먼 이야기이지만, 이와 같은 변화가 일어나도 놀랄 일은 아니다.

동영상 광고라면 M1층 등을 중심으로 TV 광고로는 도달하기 어려운 타깃에 접촉할 수 있다. 또한, TV 광고의 대량 도달에 의한 인지와 함께, 타깃별로 다른 문맥의 메시지를 동영상 광고를 통해 제공하여 인지의 다음 단계인 '관련성(relevancy · 해당 상품이 자신과 관련이 있을지 모른다고 인식시키는 것)'을 부여하는 경우도 늘어날 것이다.

지금도 TV 광고가 강력한 파급력을 지닌 유일한 광고미디어라는 사실에는 틀림이 없다. 어느 미디어와 비교해도 눈에 띄는 존재감이다. 그러나 과거에 비하면 TV 광고를 시청하는 환경이 바뀌었다. 정보량과 정보 수단이 늘어났기 때문에 TV 광고만으로 구매 의욕을 높이기는 어려워진 지 오래다. 구매 의사 결정 과정에서 구매 행동에 한 단계 더 가까우며 소구력이 높은 동영상 광고로 타깃을 집중 겨냥한다면, 그에 따른 상승 효과는 높을 것이다.

동영상 광고의 가장 큰 특징은 '광고 시청자들이 광고를 접한 후의 반응을 데이터로 파악할 수 있는' 점이다. 초단위로 어디까지 시청했는지 데이터화할 수 있어 어떤 화면에서 시청률이 떨어지는지, 시청자의 흥미가 없어지는지 확인 가능하다. 이 데이터를 바탕으로 시청률을 더욱 높이는 동영상 광고를 제작할 수도 있다.

미국에서는 이미 EC사이트의 동영상 등으로 초단위의 시청 이탈 데이터를 토대로 동영상을 수정하고, 완전 시청률을 조금이라도 올리는 시도가 이루어지고 있다. 완전 시청률이 오르면 컨버전이 증가한다는 상관관계를 파악하고 있기 때문이다.

동영상 광고는 과거 몇 번이나 "올해는 반드시 온다!"라는 양치기 소년처럼 강조되어 왔다. 하지만 그 효과를 인지와 태도 변용으로 정의함으로써, 종래의 온라인 광고와 다른 평가가 정착될 것이다.

다만, 동영상 광고에 흥미를 가지더라도 제공 가능한 광고 섹션과 재고가 현 시점에서는 적은 상황이다. 클릭했을 때만 평가받기 때문에 임프레션 단가가 오르지 않으므로, 대량의 페이지뷰를 지닌 사이트에 눌려 왔던 양질의 미디어에게는 동영상 광고의 게재 면과 광고 재고(広告在庫)를 늘림으로써 광고 수입을 확대할 기회가 된다.

또한, TV 방송국도 보유하고 있는 영상 콘텐츠를 동영상 광고 공급 마켓에 제공함으로써 수입 확대를 노릴 수 있을 것이다. 실시간 시청이 줄어드는 가운데, 시청자들은 대부분의 CF를 건너뛴다. 1엔의 가치도 없는 녹화 시청률을 자랑해봤자 의미가 없다. 영상 콘텐츠를 보유한다면 앞으로는 적극적으로 수익에 기여할 수 있도록 하는 방안을 고려해야 한다.

TV 광고 예산이 없는 광고주에게도 기회다

또한, 동영상 광고는 TV 광고를 이용할 만한 예산이 없는 광고주의 광고 수단으로서도 활용될 것이다. 필자의 경험으로도 TV 광고를 내보낼 예산이 없는 기업의 경우, 효과 검증이 어려운 잡지나 교통수단 광고, 각종 이벤트 등으로 광고 플랜을 짠 결과, 도리어 과다하게 운용하고 만 사례가 많았다. 동영상을 활용하면 우선 소구력이 높은 데다 어떻게 제작하느냐에 따라 광고 효과가 상당히 기대되므로, 시도하는 기업은 계속 늘어날 것이다. 또한, 지금까지 TV 광고를 이용할 기회가 적었던 B2B 기업의 광고로도 동영상 광고가 적극 활용될 가능성이 크다.

동영상 광고용 크리에이티브의 개발 추진

제6장에서도 언급했지만, 지금까지 일본 온라인 광고대행사가 실시한 크리에이티브 작업은 원래 의미의 '크리에이티브'가 아니다. 기존 소재를 이용하여 배치한 것에 지나지 않는다. 즉 원고를 제작해서 광고 효과를 높이기 위해 AB 테스트를 고속으로 반복함으로써 크리에이티브의 '조정'을 실시할 뿐이다. 소비자에게 놀라움이나 무언가를 발견하게 하는, 본질적 의미의 크리에이티브가 아니다. 이를 필자는 '크리에이티브 어댑테이션(adaptation)'이라 부르며 본질적인 크리에이티브와 다른 이질적인 것으로 본다.

동영상 광고가 지금까지 정착되지 않은 가장 큰 이유 중 하나는, 광고 포맷의 특성을 살린 독자적인 크리에이티브가 개발되지 않았기 때문이다. 전술한 바와 같이 효과지표가 인지와 태도 변용이 되면, 크리에이티브를 개선함에 따라 그 효과에 큰 차이가 생겨난다. 광고 게재의 3요소로서 '어디에', '누구에게', '무엇을'을 들 수 있다. 효과를 높이기 위한 핵심 요소는 바로 '무엇을'에 해당하는 크리에이티브다.

동영상 광고용 크리에이티브를 제작하는 광고주가 올해는 대폭 늘어나게 될 것이다. 프리롤 광고의 경우에도 처음 5초 만에 건너뛰지 않도록, 또는 반대로 5초 만에 완결할 수 있도록 하여 TV 광고와는 다른 맥락의 크리에이티브를 요구하는 광고주가 생겨난다. 이러한 기대에 부응하기 위해 인터랙티브 동영상 등 기존의 배너 제작과 선을 긋는, 풍부한 내용이 담긴 크리에이티브 제작이 가능한 회사도 등장할 것이다.

이러한 회사는 동영상 광고의 시청 데이터와 인지 및 태도 변용 데이터에 대한 PDCA, 즉 크리에이티브 개선 작업을 당연하게 실시하는 크리에이터들이다.

이때 광고 캠페인 기간 중 실시간으로 효과를 측정하여 PDCA를 시도하지 않으면 의미가 없다. 신속하게 개선하는 업무 습관과 풍토를 동영상 광고에도 적용할 수 있을까. 이러한 요소들이 바로 시금석이 될 것이다.

가까운 미래에는 TV 광고 제작 프로세스도 변할지 모른다. 먼저 데이터 관리 시스템에 보관된 데이터군을 기반으로 고객 인사이트(반응하는 부분)를 발견하여 크리에이티브를 제작해 동영상 광고를 집행하여 효과를 측정한 다음, TV 광고용 크리에이티브를 만드는 프로세스를 확립하는 것도 좋다. 그만큼 TV 광고는 큰 규모의 투자이며, 그에 따른 효과를 최대로 높이기 위한 사전 준비가 가능한 환경이 조성되고 있기 때문이다.

TV 광고 제작업계의 '2016년 문제'

지금까지 동영상 광고에 관련된 화제를 언급해 보았는데, 여기서 잠시 여담을 들려주려 한다. TV 광고 제작업계에 '2016년 문제'가 존재하는 것을 들어본 적 있는가? 많은 TV 방송국에서 TV 광고 소재

전달 시스템이 온라인화되기 때문에, 디지털 테이프의 프린트가 필요 없어진다. TV 광고 제작업계에서는 오랫동안 필름 프린트비, 비디오테이프 복사비가 프로덕션 경영을 지탱해왔다고 해도 과언이 아니다.

1982년부터 이 업계에 몸담아 온 필자는 16밀리미터 필름을 몇백 개나 프린트하여 소재를 송부하던 시대를 기억한다. 경우에 따라서는 TV 광고 제작비보다 프린트비, 복사비가 더 많이 들어 CF 프로덕션의 중요한 수입원이 되었다. 그러던 것이 온라인으로 전달하게 됨으로써 어떤 부분에서든 TV 광고 제작업계에 영향을 미치게 된 것이다. TV 광고 제작 견적서 항목의 대폭적인 증가는 프린트비와 복사비가 사라지는 것을 예측한 제작비 상승 때문으로 보는 견해도 가능하다.

TV 광고뿐만 아니라 영상 제작 현장에서도 새로운 수익화 방안을 모색하고 있다. 애니메이션이든 게임이든 일본 국내만으로는 투자비를 회수할 수 없어, 돈이 없기 때문에 좋은 작품을 만들지 못하는 악순환에 빠져 있다. 해결책이 절실한 상황에 놓인 것이다.

TV 광고 제작비는 최저 1,000만 엔대이며 제대로 만들면 3,000만 엔은 보통이다. 하지만 제작회사 입장에서도 TV 광고를 수주할 수 있는 건수는 한정되어 있다.

필자는 동영상 광고 제작에 도전하는 것이 제작회사의 2016년 문제의 해결책 중 하나라고 생각한다. 다만, 아무리 TV 광고 제작 경험이 있더라도 종래의 광고 프로덕션이 지닌 크리에이티브 문화로는 새로운 가치를 창출할 수 없다. 특히 시청 데이터를 기반으로 최적화하는 관행을 마련할 수 있느냐가, 새로운 수익원의 확보 여부를 결정하는 핵심 요소가 될 것이다.

DMP를 활용한 데이터 분석 및 활용이 시험대에

2013년은 빅데이터, 데이터 연구자, 데이터 관리 시스템(DMP) 등 데이터 마케팅 영역의 유행어가 번성한 1년이었다. 2014년은 대형 플래너 기업의 데이터 관리 시스템 실제 적용이 완료되기 시작한다. 이와 함께 성과를 내기 위하여 본격적으로 '데이터 관리 시스템을 이용한 데이터 분석 및 활용'을 시험받게 된다.

이러한 가운데, 기업이 자체 보유하고 있는 로그 데이터, 고객 데이터(퍼스트 파티 데이터), 미디어가 지닌 오디언스 데이터(세컨드 파티 데이터), 외부 기업이 보유한 구매 행동 데이터 등의 데이터(서드 파티 데이터), 그리고 광고주 간의 자사 보유 데이터 교환이 처음으로 시험대에 오르게 될 것이다. 하지만 아직 교환이 실현될 수 있는 환경은 마련되지 않았다. 서로 거래하는 데서 시작되는 것이 현실적이다. 또한, 유력 미디어가 자사에서 데이터 관리 시스템을 도입하여 활용을 검토함으로써 광고주에게 있어 가치가 있는 광고 상품을 개발하는 것도 기대할 수 있다. 이 경우 먼저 특정한 유력 클라이언트의 시도가 우선될 것이다.

작금의 흐름 속에서 독자적인 오디언스 데이터를 보유하지 못한 광고대행사의 존재감이 매우 희미해질 우려가 있다. 데이터 교환 시장은 어디까지나 트레이드 오프가 원칙이다. '교환의 장'에 자신이 갖고 있는 유용한 데이터를 제공할 수 있을 때 비로소 참여할 수 있다.

미디어와 광고주 간의 직접적인 데이터 교환도 테크놀로지를 잘 활용한다면 실현 가능해졌다. 이제 광고대행사가 데이터 마케팅에 어떻게 관여할 것인지는 말 그대로 경영 과제가 될 것이다. 다만, 우선은 이와 같은 상황을 인식할 수 없다면 아무것도 시작되지 않는다.

데이터 마케팅의 본질을 이해하고 광고주와 미디어, 광고주와 광고주가 데이터를 교환할 수 있는 환경이 현실로 다가오고 있는 가운데, 광고대행사는 무엇을 제공해야 할까. 대행업이 성립하지 않는다면 어떠한 업태의 회사로서 데이터 마케팅을 취급할 것인지 신속하게 정의해야 한다. 이대로라면 구글, 아마존, 야후 등에게 주도권을 빼앗기는 상황이 불가피하다.

그림 1. 4가지 데이터군(群)의 활용이 진행된다

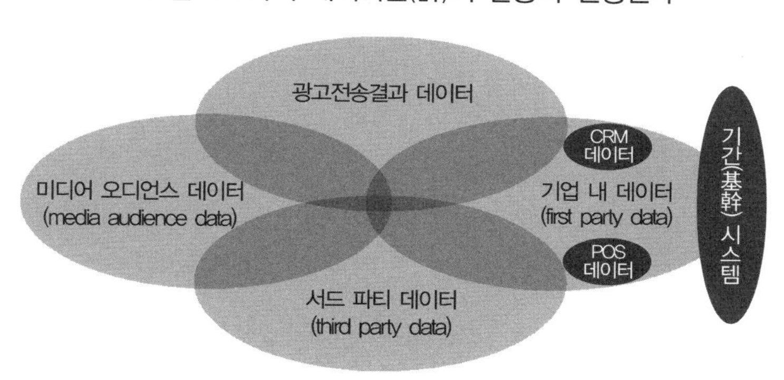

한편, 많은 데이터 관리 시스템 제공사들이 시스템을 통해 데이터 교환 중개역을 고려하고 있다. 하지만 실제로 데이터 관리 시스템 제공사가 중개 역할을 하기란 어렵다. 게다가 데이터 교환 실현은 사용하는 데이터 관리 시스템에 좌우되지 않는다. 데이터 관리 시스템 활용을 유지하는 가운데 필요한 것은 데이터 ID의 통합이다.

공동으로 데이터를 사용할 수 있도록 각각이 보유한 데이터 ID를 통합해야 한다. 환경을 정비하면 데이터 교환 기회가 촉진되어 데이터를 공유하는 가치가 더욱 확대된다.

프라이빗 DSP가 본격 시동을 걸다

데이터 관리 시스템에는 '프라이빗 데이터 관리 시스템'이라 불리는 시스템이 있다는 사실을 아는 분도 많을 것이다. 프라이빗 데이터 관리 시스템으로 분류한 타깃에 대해 광고를 내보내고, 그 광고 반응 데이터를 데이터 관리 시스템에 피드백하는 결과 학습(Result Learning)을 시행하려면 필연적으로 프라이빗 디지털 매체 구매 시스템(프라이빗 DSP)가 필요해진다. 디지털 매체 구매 시스템 제공사의 서비스를 이용하여 집행하는 것만으로는 성립되지 않는다. 게재 면 관리를 포함한 프라이빗 디지털 매체 구매 시스템이 필요한 것이다.

효과를 측정하는 요소는 물론 오디언스 데이터(즉 쿠키 데이터)뿐만이 아니다. 게재, 집행 타이밍, 접촉 빈도(frequency), 그리고 광고 효과를 높이기 위한 핵심 요소인 크리에이티브를 최적화하지 못하면 의미가 없다. 입찰운용형 광고 효과를 높이려면 오디언스 데이터를 최적화하면 된다는 잘못된 견해를 듣기도 하는데 결코 그렇지 않다.

또한, 브랜드 가치를 훼손하지 않는 범위에서 인지시키기 위해 더욱 효과적으로 광고를 집행하려면, 그 기업에 있어 최적의 광고 게재면의 네트워크, 즉 프라이빗 익스체인지(특정한 양질의 미디어에 한정하여 광고를 집행할 수 있는 플랫폼)가 필요해진다.

미국 기업과 같이 프라이빗 데이터 관리 시스템에 의한 프라이빗 디지털 매체 구매 시스템 운용을 자사 내에서 실시하는 일본 기업은 아직 존재하지 않는다. 하지만 어디까지 '자사 내부(in-house)'로 볼 것인지 정의하는 것과는 별개로, 특정 광고주를 위한 디지털 매체 구매 시스템을 요구하는 목소리는 높아질 것이다.

한편, 공급자 측 구매 시스템(SSP)도 새로운 국면을 맞이하는 해가 된다. 데이터 관리 시스템을 도입하는 미디어가 늘어나면, 광고상품 개발을 오디언스 데이터 기반으로 설계하는 흐름이 발생한다. 프리미엄 광고를 포함해 미디어의 광고 수익을 최대화하기 위하여 기능하는 본격적인 공급자 측 구매 시스템 보급이 진전될 것이다. 퍼브매틱은 소넷과 제휴하며, 루비콘 프로젝트도 이미 일본 시장 진출을 달성했다.[1)]

아마존이 보유한 데이터를 기업이 마케팅에 활용

아직 그렇게 본격화되지 않았다고 볼 수도 있겠지만, 아마존의 구매 데이터를 마케팅에 활용하는 기업이 급격하게 늘어날 것이다. 실제 매장의 구매 데이터뿐만 아니라 아마존에서의 구매 데이터를 목적변수로 하여, 중회귀 분석을 실시하고 광고 투자액 배분을 검토하는 기업도 나타난다. 제조업체가 아마존의 구매 데이터를 토대로 상품 개발에 나서면서 실제 점포망을 지닌 유통 기업을 자극하게 될 것이다.

---

1) MarkeZine 〈PubMatic사, 소넷 미디어 네트웍스와 업무제휴〉 2014년 1월 21일 http://makezine.jp/article/detail/19176 〈미국 루비콘 프로젝트, 일본시장에 본격 진출〉 2014년 2월 21일 http://markezine.jp/article/detail/19334

이미 야후도 아스쿨과 손잡고, 식품 및 일용품을 취급하는 주요 회사와 연계하여 데이터를 토대로 한 상품 개발에 나섰다.[2) 소비자의 구매 행동 데이터를 제공하는데 신중한 각 유통회사도, 제조업체와 EC기업의 데이터 연계를 방관만 할 수는 없게 된다. 이에 따라 자사 이외의 제3자가 지닌 데이터, 이른바 서드 파티 데이터 유통이 앞으로 본격화될 것이다. 그 계기는 아마존이 만들게 될 것이라고 필자는 예상한다.

한편, 보유한 데이터 양만 보아도 구글과 아마존, 야후의 우위성은 실로 크다. 라쿠텐도 물론 해당 영역에 진입하는 방안을 검토하고 있겠지만 점포 보호 방침 때문에 단행하지 못하고 있다. 그러는 동안 아마존이 먼저 나서게 될 가능성이 있다.

기업이 원하는 서드 파티 데이터는 기본적으로 구매 행동 데이터, 소셜미디어 데이터, TV 시청 데이터의 3가지다. 지난 2014년 2월, 오라클은 인수 계획을 발표했다. 온라인 상의 개인 행동 이력을 익명화하여 유통시키는 시스템을 제공하는 블루카이 등도 더해지면서 '데이터 공급 경쟁'이 치열해질 것은 자명하다.[3)]

그러나 지금까지의 역사를 돌아보면 데이터 활용이 그리 쉽게 이루어지지는 않을 것이다. 데이터를 활용하여 성과로 연결시키려면, 자사의 비즈니스 로직을 숙지하고 데이터 분석 담당자에게 가설과 분석법을 지시 가능한 노하우를 지닌 인재가 필요하기 때문이다. 필자는 이 관계를 미국의 TV 드라마 〈24-TWENTY FOUR-〉의 등장인물

2) 일본게이자이신문 〈야후와 아스쿨, 12개사와 빅데이터를 공유하여 신제품 개발-라이벌 기업이 연계〉 2014년 1월 26일 http://www.nikkei.com/article/DGXNASGF2407G_V20C14A1MM8000/
3) 오라클 프레스 릴리스 〈Oracle Buys BlueKai〉 2014년 2월 24일 http://www.oracle.com/us/corporate/press/2150812

인 잭 바우어와 클로이 오브라이언에 비유한다. 아무리 클로이가 뛰어난 분석관이라도 잭의 지시가 없으면 성과를 낼 수 없다. 각 기업들은 '잭 찾기'로 바빠지게 될 것이다.

더욱 주목받는 네이티브 광고

광고주가 준비한 광고 콘텐츠를 미디어에 게재하는 '네이티브 광고'는 주목받는 광고 기법이다[4](그림 2). 마침 미국에서는 '광고'로의 인식 여부에 대해 논의가 일고 있어 당국도 본격적으로 나선 참이다. 스텔스 마케팅화하고 있지 않은지, 향후 더욱 심도 있는 논의가 이루어질 전망이다. 미국과는 달리 일본에는 예전부터 '기사 광고'라는 광고 기법이 존재했으므로, 정의는 다를지 모르나 네이티브 광고를 수용하기 쉬운 환경이 조성되어 있다.

하지만 하나부터 열까지 미디어 측이 제작하는 기사 광고와 광고주가 자체적으로 콘텐츠를 마련해 게재하는 네이티브 광고는 이미지 측면에서나 제작 절차에서나 제법 상이하다.

네이티브 광고를 집행하는 플랫폼을 지닌 회사가, 이를 열람하는 유저별로 최적의 네이티브 광고를 내보내는 역할을 맡게 된다. P&G 등이 미국에서 활용하고 있는 아웃브레인의 일본 상륙도 이미 보도된 바 있는데, 이러한 시스템을 제공하는 회사가 앞으로도 등장할 것이다.[5]

---

4) MarkeZine 〈차세대 광고 커뮤니케이션의 비결-거슬리는 광고를 유익한 콘텐츠로. 그러한 기대가 집중되는 '네이티브 광고'란 무엇인가?〉 2013년 7월 1일 http://markezine.jp/article/detail/18028

5) MarkeZine 〈트래픽 과다 미디어에 자연스러운 수익화를 제공, 대형 콘텐츠 추천 업체 'Outbrain'의 비즈니스 모델〉 2014년 1월 7일 http://markezine.jp/article/detail/19029

네이티브 광고에 대한 주목과 동시에, 이러한 집행 플랫폼의 활용법에 대한 논의도 활발해지게 된다. 이를 활용하기 위해서는 기획력도 필요하다. 비용 대비 효과가 높은 네이티브 광고를 개발할 수 있는 광고주는, 고객 심리를 적절하게 읽어내어 최적의 커뮤니케이션 설계가 가능한 전문가가 될 수 있다.

그림 2. 직사각형 테두리 부분이 네이티브 광고의 게재 사례

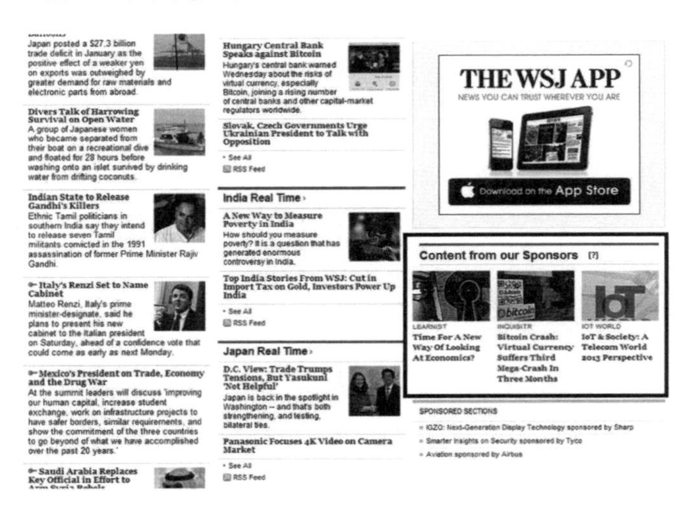
Japan posted a $27.3 billion trade deficit in January as the positive effect of a weaker yen on exports was outweighed by greater demand for raw materials and electronic parts from abroad.

Divers Talk of Harrowing Survival on Open Water
A group of Japanese women who became separated from their boat on a recreational dive and floated for 28 hours before washing onto an islet survived by drinking water from drifting coconuts.

Indian State to Release Gandhi's Killers
Ethnic Tamil politicians in southern India say they intend to release seven Tamil militants convicted in the 1991 assassination of former Prime Minister Rajiv Gandhi.

Italy's Renzi Set to Name Cabinet
Matteo Renzi, Italy's prime minister-designate, said he plans to present his new cabinet to the Italian president on Saturday, ahead of a confidence vote that could come as early as next Monday.

Mexico's President on Trade, Economy and the Drug War
At the summit leaders will discuss 'improving our human capital, increase student exchange, work on infrastructure projects to have safer borders, similar requirements, and show the commitment of the three countries to go beyond of what we have accomplished over the past 20 years.'

Saudi Arabia Replaces Key Official in Effort to

Hungary Central Bank Speaks against Bitcoin
Hungary's central bank warned Wednesday about the risks of virtual currency, especially Bitcoin, joining a rising number of central banks and other capital-market regulators worldwide.

Slovak, Czech Governments Urge Ukrainian President to Talk with Opposition

• See All
RSS Feed

India Real Time ›

A New Way to Measure Poverty in India
How should you measure poverty? It is a question that has generated enormous controversy in India.

Top India Stories From WSJ: Cut in Import Tax on Gold, Investors Power Up India

• See All
RSS Feed

Japan Real Time ›

D.C. View: Trade Trumps Tensions, But Yasukuni 'Not Helpful'
Japan is back in the spotlight in Washington -- and that's both strengthening, and testing, bilateral ties.

Panasonic Focuses 4K Video on Camera Market

• See All
RSS Feed

THE WSJ APP
NEWS YOU CAN TRUST WHEREVER YOU ARE
Download on the App Store

Content from our Sponsors [?]

LEARNIST
Time For A New Way Of Looking At Economics?

INQUISITR
Bitcoin Crash: Virtual Currency Suffers Third Mega-Crash In Three Months

IOT WORLD
IoT & Society: A Telecom World 2013 Perspective

SPONSORED SECTIONS
- IGZO: Next-Generation Display Technology sponsored by Sharp
- Smarter Insights on Security sponsored by Tyco
- Aviation sponsored by Airbus

(출처 : The Wall Street Journal http://online.wsj.com/public/page/news-global-world.html)

미디어 주도의 콘텐츠 리타기팅 광고의 출현

광고주의 웹 사이트 접속경험을 근거로 광고를 노출하는 리타게팅

광고다. 획득 목적을 위한 광고로서 검색연동 광고와 마찬가지로 인터넷 광고 수법으로 정착한 것 같다. 실제로 일본에서 시도하는 대부분의 디멘드사이트 플랫폼은 리타게팅 광고에 주력하고 있다.

당연하지만 리타게팅 광고의 노출 대상은 자사 사이트를 접속경험 데이터를 근거로 하고 있기 때문에 어떤 의미에서는 광고주가 광고의 문명 주도권을 갖고 있다. 광고 노출면을 제공하는 미디어 측에는 그다지 가격 결정력이 없는 실정이다.

그러나 리타게팅 광고는 특정한 상품 카테고리와 그 상품에 흥미와 관심을 보이고 행동을 한 유저(사용자)를 광고 노출의 대상으로 한다.

즉 이미 알고 있고(검색키워드를 기억해 내고) 관심과 흥미가 강하게 나타나는 유저(사용자)가 노출대상이 되며 존재를 알지 못하므로(검색 키워드를 기억하지 못하고) 자사 사이트까지는 접속 경험할 수 없는 유저(사용자)는 광고 노출의 대상이 될 수 없다.

원래 광고의 역할이란 알다시피 넓게 펼쳐서 알린다는 사실로 현재는 관심이나 흥미가 없는 유저(사용자)에게 상품에 대한 관심을 고조시키는 것이라 말할 수 있다.

지금 당장 관심과 흥미가 없는 유저에게 자사의 상품을 알리려면 성별, 나이, 주소 등에 유저의 정략적 속성 데이터에 근거한 광고 노출만이 아니고 가치관, 취미나 기호 등 유저의 정성적 측면에서의 마케팅 즉 관심을 근거로한 마케팅을 실행할 필요가 있다.

관심 있는 콘텐츠에 맞춘 광고 노출

이러한 요구에 대응하는 한 가지 수단은, 미디어 콘텐츠의 열람 행동을 기반으로 오디언스 타기팅을 실시하는 기법이다.

콘텐츠를 열람 또는 시청하는 유저가 어떤 상품 영역에 관심이 높은지 분류하는 장치가 필요한데, 우선은 특정 상품 영역에 관심을 지닌 유저에게 타이밍 좋게 광고를 표시하면 광고 효과가 높아질 것이다.

원래 행동 타기팅이라는 기법이 등장했을 때, 광고 집행 사이트의 쿠키 데이터를 제공하는 회사와 게재 면을 제공하는 회사가 별개인 경우, 광고 집행료는 기본적으로 절반씩 부담하는 모델이었다. 따라서 광고 집행 사이트의 쿠키 데이터를 광고주가 지닌 경우에는 광고주가 게재 면 분량의 광고료만 부담하면 되는 구조다.

따라서 미디어 측이 주도권을 지니는 종래형 광고 메뉴에서는 타기팅 정밀도가 높을수록 광고 단가는 높게 설정되지만, 광고주의 쿠키 데이터를 토대로 광고를 집행하는 리타기팅 광고에서는 타기팅 정밀도가 높아도 단가를 올릴 이유가 되지 않는다.

집행 대상에 대해 경합을 벌일 다른 입찰자가 없다면 논 타기팅과 단가는 변함이 없다. 이러한 요인도 더해져 리타기팅 광고 시장은 확대되었다. 또한, 더욱 치밀하게 리타기팅 광고(주문한 유저에게는 같은 광고를 내보내지 않고, 적당한 접촉 빈도와 집행 간격을 유지하는 등)의 정밀도를 높여 양질의 추천광고로서 유저 혜택을 확립한다면 더욱 널리 확대될 것이다.

사실, 현재의 리타기팅 광고는 '유저의 심리'까지 내다본 광고 집행을 실현했다고는 보기 힘들다. 마치 스토커처럼 집요한 리타기팅 광고를 보고 있으면, 표면적인 수치로는 나타나지 않지만 브랜드 가치를 떨어뜨리는 경우도 있어 보인다. 단기적으로는 고객 획득에 성공하겠지만 중장기적으로는 고객을 놓칠 수도 있다.

관심을 토대로 한 마케팅은 원래 광고가 담당했던 원점으로 회귀했다고도 볼 수 있다. 광고주 주도의 광고 집행도 현실적으로 가능해졌지만, 그것만 되풀이해서는 사업의 지속적인 발전으로 이어지지 않는다. 여기서 도움이 되는 것은 광고주가 자체적으로 도달할 수 없는 유저에 대해 도달이 가능한 미디어라는 존재다.

미디어 측으로서는 테크놀로지를 활용하여 열람 행동에 적합한 광고 집행을 실현하길 원한다. 이때 중요한 것이 결과의 학습이다. 미디어가 보유한 콘텐츠를 기반으로 유저를 분류하여 특정 상품 영역에 광고를 집행한 결과를 학습하여 분류 정밀도를 높일 필요가 있다. 미디어 각사는 반드시 도전해 보았으면 한다.

제8장

10년 후의 광고업계

제8장
10년 후의 광고업계

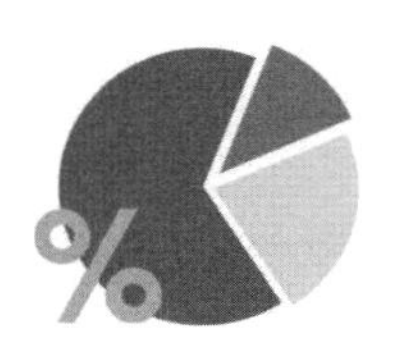

향후 10년간 일어나게 될 업계 구조 변화

여기서부터는 앞으로 10년 동안 광고업계에 일어날 구조 변화를 예측해 보았다.

필자가 생각하는 기존 경쟁 기업의 쇠퇴와 확장, 신규 진입자의 유형을 정리하였다.

① 덴츠 이지스 네트워크의 글로벌화 강화
② 덴츠 · 하쿠호도 이외의 종합광고대행사는 쇠퇴
③ 디지털 전문가의 대두
④ IT, 컨설팅계 기업의 타업종 진출
⑤ 온라인 광고대행사라는 업태에서 탈피
⑥ 해외 기업의 재진출
⑦ 새로운 시스템의 하우스 에이전시

덴츠 이지스 네트워크의 글로벌화 강화

덴츠 이지스 네트워크의 글로벌화는 더욱 가속화될 것이다.

일본 기업이 글로벌 마케팅을 추진하면 할수록, 일본 기업의 예산을 일본 외부에서 덴츠가 획득하는 사태가 증가한다.

일본 기업의 글로벌 마케팅에 대한 주도권을 글로벌 에이전시의 해외 거점이 지닌다는 사실도 충분히 생각할 수 있다. "일본의 방식으로는 글로벌 전개가 어려우니, 미국 ○○의 마케팅 기법을 써서 글로벌 전개를 꾀하자."라는 말이 나오게 될 수도 있다. 이와 같은 전개가 현실화되면 일본만으로 꾸준히 마케팅을 펼쳐본들 대등하게 경쟁할 수 없는 상황이 올 수밖에 없다.

덴츠와 하쿠호도 이외의 종합광고대행사는 쇠퇴

덴츠 이외의 종합광고대행사는 더욱 고전하게 된다.

덴츠의 경우 급속한 글로벌화를 추진한 덕택에 일본계 광고대행사 중에서는 승리를 독식하겠지만, 국내 시장만 살펴보면 하쿠호도 역시 강적이며, 특히 테크놀로지에 강한 디지털 애드버타이징 컨소시엄을 산하에 둔 하쿠호도에 유리한 측면도 많다.

덴츠가 글로벌 표준 테크놀로지를 중심으로 도입하는 경우, 국내 광고주들의 가려운 곳을 긁어주는 테크놀로지를 제공할 수 있는 회사 쪽이 일본 시장만 봤을 때 우위에 설 가능성도 있다.

결국은 디지털 영역에서도 덴츠와 하쿠호도는 여타 종합광고대행사에 압도적인 차이를 보인다. 이미 쫓아갈 수 없는 상태인 듯 보인다.

이렇게 되면 덴츠와 하쿠호도 이외의 종합광고대행사는, 종래의 종합 광고대행사라는 간판을 떼고 완전히 다른 무대에서 경쟁하는 전략을 취하거나, 영업 부문의 원스톱 체제를 재검토하는 방향으로 전략 및 체제를 돌아봐야 할 것이다.

종합력으로 상대가 되지 못한다면 원스톱 영업에는 의미가 없다. 오히려 광고주의 전문화에 대응하여 영업에 특화된 인재를 배치하고, 전문적인 서비스의 판매 능력 확대를 겨냥하는 쪽이 나을 것이다. 기존 광고대행사의 분사화는 본체인 영업 부문 산하에 스태프 부문으로 편입되는 경우가 많았지만, 높은 전문성을 지닌 만큼 영업회사를 기능적으로 분사시키는 방향성이 더 옳다.

디지털 전문가의 등장

디지털 콘텐츠와 온드 미디어 개발, 소셜미디어 시책 등을 기획하고 실시할 수 있는 전문가 집단이 주목을 받게 된다. 제6장에서 언급했듯이 광고주가 필요로 하는 것은 기존 광고 포맷으로 표현하는 크리에이티브뿐만 아니라 전략적 PR 관점에서 본 크리에이티브 개발이다. '정보 크리에이티브', 광고라는 형식에서 탈피한 '브랜디드 콘텐츠', 그리고 읽을거리나 영상을 비롯한 서비스 개발과 비즈니스 개발 영역까지 파고들어야 하는 상황이 늘어났다.

이 같은 영역까지 확대되면 종래의 광고대행사가 지닌 기능이나 그 협력 회사로는 대처할 수 없다. 테크놀로지 관점에서의 발상력, 게이미피케이션(Gamification · 게임화)의 발상, 첨단 예술적 발상 등, 광범위한 인재의 발상력을 집결할 수 있어야 한다.

대형 광고대행사에서는 매스미디어 광고가 포함되지 않는 업무에는 일류 스태프를 배치하지 않는다. 그 이전에 설령 안건을 수주했다 하더라도 영업 측에서 "누구에게 부탁하면 좋을지 모르겠다."라고 하는 사태도 발생한다. 그렇다면 광고주는 직접 전문가에게 발주하는 편이 낫다.

TV 광고나 캠페인 기획의 발주와 달리 온드 미디어에서 착안한 콘텐츠 개발이나 디지털 중심의 마케팅 시책 전개는, 단발적인 아이디어로 도출된 제안으로 선정하기보다는 개발 콘셉트가 확실하며 실적도 있는 전문가와 파트너 계약을 맺고 기획 및 실시, 검증 절차를 밟는 것이 중요하다. 광고주도 해당 영역의 전문가는 결코 '원할 때 데려올 수 있는' 인재가 아니므로, 우수한 인재를 경쟁사에 빼앗기지 않도록 해야 할 것이다.

페이드 미디어 취급을 전제로 하는 비즈니스 모델이 아니므로 매출액으로 비교하면 광고대행사보다 규모가 작지만, 원래의 수입 총액이나 광고주 측에서 본 존재감 및 평가로 말하자면 광고대행사를 능가하는 전문가 집단이 업계 내 지명도를 올리게 된다.

IT, 컨설팅 계열 기업의 타업종 진출

기업의 데이터 관리 시스템(DMP) 도입은 마케팅의 근간과도 연관된 사건이다. 그렇기에 광고대행사도 기업에 대한 데이터 관리 시스템 도입에 열을 올리고 있다. 그러나 광고대행사가 관여할 수 있는 데이터 관리 시스템은 디지털 매체 구매 시스템(DSP)의 기능 확장판으로서의 데이터 관리 시스템이며, 본격적인 프라이빗 데이터 관리

시스템 도입에 관련된 광고대행사는 거의 찾아볼 수 없다. 이유인즉, 본격적인 프라이빗 데이터 관리 시스템 도입 시, 고객 데이터베이스가 보관된 기업의 CRM 시스템 및 기간 시스템 등과 접속하지 않으면 의미가 없다. 이른바 정보 시스템부서의 영역이 되는데, 여기에는 시스템 통합 사업자가 확고하게 관계성을 확보하고 있다.

이러한 동향을 깨닫고 각 시스템 통합 사업자들도 정보 시스템 부분에서 마케팅 부문으로 영역 확장을 호시탐탐 노리고 있다.

시스템 통합 사업자도 무(無)에서 시스템을 개발하는 안건은 줄어드는 추세다. 수익을 확대하기 위해서라도 그들은 정보 시스템부만을 상대하고 있을 수는 없는 것이다. 영업, 마케팅 부문 등 상류 공정에 파고들어 마케팅 영역에서의 테크놀로지 활용을 추진할 필요가 있다. IBM도 최고기술책임자(CTO)와 최고마케팅책임자(CMO)가 한자리에 모이는 컴퍼런스를 개최하고 있다.

한편, WPP의 마틴 소렐은 스태프에 대해 기존에 접촉하던 최고마케팅책임자에 더하여 최고기술책임자에게도 접촉하라는 지시를 내렸다. 이러한 상황 속에서, 필자는 마케팅 영역으로의 테크놀로지 도입 및 운용에 관하여 역량을 갖춘 '테크놀로지에 강한 광고대행사'와 같은 존재야말로 대단히 필요도가 높을 것으로 생각한다.

이러한 업태는 액센추어와 같은 시스템 컨설팅 부문 및 IBM, 후지쓰 등 시스템 통합 사업자에서 별도의 회사가 성립되어 마케팅 영역에 진출할 것으로 예상한다.

물론 기존의 광고대행사들도 경합을 벌인다. 광고업계의 인재 역시 차츰 그쪽 방향으로 이동할지도 모른다. 마케팅 및 커뮤니케이션 설계를 모르는 시스템 부문 인재로만 광고주의 과제를 해결하기는 거의 불가능하므로, 인재 확보와 스킬 세트 구축이 잘 이루어진다면 일정한 세력을 지닐 수 있을 것이다.

'온라인 광고대행사'의 업태에서 탈피

일본의 온라인 광고대행사라는 업태는 독특하다. 이를 단적으로 표현하면 검색연동형 광고를 주체로 하여 고객 획득 단가 최적화를 목표로 하는 활동에 초점을 맞춘다고 볼 수 있다.

지금 그들은 온라인 광고대행사라는 업태에서 탈피하려 한다. 수익성으로 말하자면, 온라인 광고대행사의 수익 모델은 결코 수익이 높지는 않다. 인건비가 느는데다 온라인 미디어만을 취급해서는 차별화가 어려워 가격 경쟁에 처해 있는 상태다.

사이버 에이전트, 옵트, 셉테니와 같은 주력 온라인 광고대행사는 각기 방향성은 다르지만 모두 광고대행사 비즈니스 이외의 사업 개발에 적극적으로 도전하고 있다. 종합광고대행사에 비해 훨씬 신속한 경영 판단과 젊은 인재가 속속 발탁되는 기업 풍토 속에서 트라이 앤 에러(try & error)를 추진한다. 그 결과 몇몇 사업에서 성공 사례를 탄생시켰다.

반대로 생각해보면, 마케팅이나 커뮤니케이션 설계에 관련된 스킬을 향상시켜 차세대형 마케팅을 담당한다는 '사명감'은 어디까지 존재할까. B2C의 게임 개발 관련 수익이 높아지면 그쪽에 많은 투자를 하고, 오히려 광고대행사 모델에서는 탈피하려 한다. 그것이 차세대형 광고대행사의 방향성을 확립할 것인가. 회사로서 고도의 스킬을 지니고 마케팅을 실행할 수 있는 인재를 개발하는 데 힘을 쏟는지는 의문이다.

다만, 소셜미디어, 디지털 매체 구매 시스템, 데이터 관리 시스템, 트레이딩 데스크 등 개입이 필수인 분야에 신속하게 진출해 있으므로, 기능을 재편함으로써 덴츠 이외의 종합광고대행사보다 차세대형 광고대행사로 나아갈 여지는 매우 높다. 그들이 광고대행사의 외부 영역에 있는 회사와 손잡고 새로운 가치를 낳을 가능성도 높다.

검색연동형 광고의 집행만 중심으로 해서는 부가가치가 높아지지 않는다. 앞으로는 고급 컨설팅 능력과 분석력을 확보하여 업태를 재편할 것인지, 서비스 제공 회사로서 서비스 공급으로 전환할 것인지 모색하게 될 것이다.

해외 기업의 재진출

현재 일어나고 있는 패러다임 전환은 외국계 광고회사에 있어 재진출을 위한 최대의 기회다. 일본 특유의 시장은 외국계 광고대행사에게 큰 걸림돌이었고, 특히 매스미디어 광고 구입에 적극적으로 나서지 못하는 상황으로 이어졌다.

하지만 광고 섹션 수주 모델에서 디지털 매체 구매 시스템을 활용하여 오디언스 데이터 기반으로 광고를 집행하는 신규 시스템이 등장한 것을 계기로, 그들은 재진출을 도모하게 될 것이다. 성장성이 낮다고는 해도 세계 전체적으로 보면 일본 시장은 여전히 압도적인 위상을 지니고 있다. 디지털화와 글로벌화가 동시에 진행되는 가운데, 일본 기업도 글로벌화에 대처해야 할 필요성이 높아졌다. 지금이야말로 글로벌 표준 디지털 마케팅 기법을 역수입할 기회다.

WPP는 세계적인 오디언스 데이터 구입사인 작시스를, 퍼블리시스 옴니콤 그룹도 그룹 내의 트레이딩 데스크 회사를 통합 및 재편하여 진출해올 것이다. 또한, 구글, 페이스북, 아마존 등 글로벌 기업의 내부 인재가 스핀아웃하여 광고대행사적 위치에서 컨설팅 서비스를 제공할 가능성도 예상된다. 이러한 경우에는 구글 및 페이스북에 몸담고 있는 일본인일 테니 엄밀히는 외국계가 아니겠지만 말이다.

또한, IBM, 엑시옴, 원더맨 등 데이터 영역을 장기로 하는 기업의 약진과, 글로벌 기업이 적용하는 데이터 관리 시스템 제공사가 광고주와 함께 일본에 상륙하는 패턴도 있을 수 있다. 그리고 애드 테크놀로지 기업에서 파생하여 광고대행사적 기능을 지닌 회사도 등장할 것으로 생각된다.

새로운 시스템의 하우스 에이전시

아마도 명칭은 '하우스 에이전시(한 광고주 전속 광고대행사)'가 되지 않을지도 모르겠는데, 대기업의 데이터를 사업 전반적으로 취급하여 프라이빗 데이터 관리 시스템을 운용하면서 프라이빗 디지털 매체 구매 시스템도 운용하는 담당자를, 기업 스스로 기능 분사화 함으로써 설립하는 움직임이 나타날 것이다. 종래의 회사가 하우스 에이전시를 보유한다면 그곳에서 담당하는 쪽이 바람직하겠지만, 안타깝게도 스킬이 부족하다. 지주회사의 경우, 사업회사를 수평적으로 하여 사업부와 상품 부문에 걸친 광고 운용과 데이터 마케팅 실행이 가능한 회사가 잇따라 등장할 것이다.

10년 후의 점유율 추이 예상

마지막으로 향후 10년간 광고업계에서 각 기업들의 점유율 추이가 어떻게 나타날지 예상해 보았다. 매년 타업종들이 진출해 오는 가운데 치열한 점유율 경쟁이 펼쳐질 것으로 보인다.(그림 1)

인하우스 마케팅 랩(laboratary)과 차세대형 하우스 에이전시

앞으로 기업은 자사의 모든 부문에 걸쳐, 또는 광고대행사를 포함한 외부에서도 인재를 모아 브랜드 횡단적 데이터 마케팅 연구와 실시를 위한 인하우스 마케팅 래버러토리를 설립하는 움직임이 반드시 나타나게 될 것이다.

노하우를 집약하는 R & D적 의미를 포함하여, 기획하고 이를 실시하는 팀 구축이야말로 기업 측에 스페셜리스트를 양성할 때 핵심 요소로 작용할 것이다. 이러한 움직임은 기업 내에서 추진되는 경우와 그대로 스핀오프하여 차세대형 하우스 에이전시화하는 경우, 2가지 형태를 생각해볼 수 있다.

그림 1에서 '기타 광고대행사'가 갈수록 점유율이 낮아지는 가장 큰 요인은, 그들의 광고주인 중소 광고주가 온라인에서 직접 광고 섹션의 대량 매입을 시작하기 때문이다. 또한, 대형 광고주의 광고 커뮤니케이션 활동이 인하우스화 하는 경향이 강해져 '기타 광고대행사'가 끼어들 틈이 없어진다.

광고주의 이러한 움직임에 발맞춰 컨설팅이나 인재 공급이 가능한 광고대행사는 새로운 수익 모델을 확립할 수 있겠지만, 그럴 만한 역량이 없는 '기타 광고대행사'는 안타깝지만 사라질 수밖에 없다.

대형 광고주를 필두로, 광고 구입을 포함한 광고 마케팅 활동을 자사에서 실시하는 흐름은 글로벌 규모로 틀림없이 발생하게 된다. 광고대행사는 그 트렌드에 어떻게 대처할 것인가. 이 부분이 바로 생존을 위한 중요한 과제 중 하나일 것이다.

그림 1. 10년 후의 기업별 점유율 추이 예상도

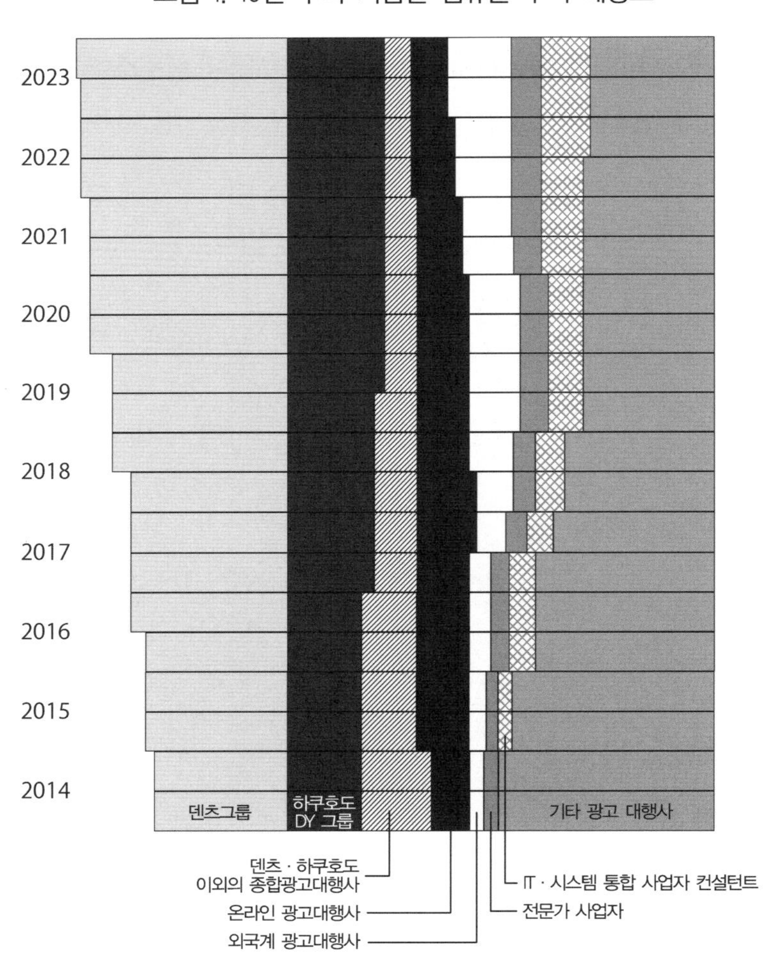

제9장
광고주와 미디어 측에서 살펴본 존재 가치

제9장
광고주와 미디어 측에서 살펴본 존재 가치

광고매매 '대행'에서 마케팅 '대행'으로

광고주는 지금 광고대행사에 무엇을 요구하고 있는가. 기린 맥주에서 오랫동안 광고 관련 업무에 관여하고, 현재는 일본 인터랙티브 마케팅의 대표이사로서 마케팅 지원 업무를 담당하는 마노 히데아키 씨를 만나 이야기를 들어 보았다.

종래형 미디어에 디지털이 더해진 환경을 포착하다

요코야마 : 광고대행사는 광고를 '대행'하는 회사라는 용어가 나타내듯이, 기업의 광고 구매를 대리하거나 미디어의 광고 판매를 대리하는 역할을 맡아 왔습니다. 지금까지 이를 위한 직업 능력을 개발했던 역사가 있기 때문에, 아무래도 현재의 환경 변화와 그에 따른 기업 측 요구에 대응하지 못하는 부분이 있는 듯합니다.

마노 씨는 기린 맥주에 오랫동안 광고 관련 업무에 종사했고, 현재는 디지털을 중심으로 마케팅 컨설팅을 하고 계십니다만, 우선은 현재의 커뮤니케이션 환경 변화에 대해 들어볼 수 있을까요?

디지털인텔리전스 대표 요코야마 류지(오른쪽)
일본 인터랙티브마케팅 대표 마노 히데아키(왼쪽)

마노 : 커다란 변화로는 2가지를 들 수 있습니다. 먼저 디지털 영역을 중심으로 소비자 접점이 증가하고, 커뮤니케이션이 복잡해지고 있는 것. 여러분도 느끼고 계실 듯한데요, 지금은 TV 광고만 내보내고, 신문만 확보하고 있으면 되는 시대가 아닙니다. 그렇다고 해서 '디지털'만 활용한다고 되는 것도 아닙니다. 그리고 디지털이라고 한 마디로 말하기에도 푸시(push)형부터 풀(pull)형까지 다양하고, 그 기법도 잇따라 새로 등장하고 있습니다. 이를 전부 파악하기란 광고주에게도, 광고대행사에게도 쉬운 일이 아닙니다.

또 하나의 변화는 디지털화에 수반되는 기업의 조직 변화입니다. JAA(일본광고주협회)에서도 과제가 되고 있는데요, 담당자 선에서는 디지털 영역에 적극적이어도 홍보 책임자에 해당되는 분들이 좀처럼 따라가지 못하고 있는 실정입니다. 그중 발 빠르게 대처하는 기업들은 앞서 언급한 환경 변화에 맞춰 조직과 직무를 재검토하기 시작했습니다.

요코야마 : 대기업에서도 말인가요?

마노 : 글쎄요, 전체적으로 보면 아직은 수가 적습니다만, 그래도 생각해 보면, 예전에는 카탈로그로 상품을 팔던 통신판매 기업도 온

라인이 주무대가 된 경우가 적지 않고, 대행사 판매가 중심이었던 항공권 등은 온라인 중심으로 변하고 있죠. 환경 변화에 따라 판매 방식이나 접근법이 바뀌고 있는 만큼, 조직도 인식을 바꾸는 것이 당연하다고 봅니다.

요코야마 : 디지털화에 따라 대응한다는 측면에서는 어쩌면 소비자 쪽이 원활하게 진행하고 있는지도 모르겠습니다.

마노 : 분명 그런 측면이 있지요. 도시에만 한정된 얘기일 거라 생각했는데, 실은 지방에서도 광고의 디지털화가 진전되고 있으니 말입니다. 우리가 지방의 한 광고대행사의 업무를 도울 때 일인데요, 먼저 1주일 분량의 신문 광고지를 받아둡니다. 그것으로 이메일 주소나 2차원 코드 등 디지털화가 어느 정도 진행되었는지 확인합니다만, 도시와 별 차이가 없습니다.

도호쿠(東北) 지방의 어느 마트에서 전자화폐 카드를 도입했는데, 할머니들이 '잔돈이 필요 없어서 편리하다'며 자연스럽게 사용했다는 사례도 있습니다. 디지털 장치 활용을 촉진하려 할 때 중요한 것은, 고객 편의성을 이해하도록 교육하는 일입니다. 그에 따라 마케팅이 급변하게 됩니다.

그렇다곤 해도, 종래의 기법이 디지털로 대체된 것도 아니며 디지털 영역을 아직 접하지 못한 사람도 많습니다. 반대로 TV를 보지 않거나 신문을 읽지 않는 사람도 있고, 반면에 승용차로 출퇴근 시 라디오는 듣는 사람도 있습니다. 디지털이라는 화제가 나오기 시작하면 어느새 거기서 얻을 수 있는 데이터 활용이 이렇다저렇다 하는 방향으로 흘러가기 쉬운데요, 기존 미디어를 포함한 환경도 파악할 필요가 있습니다.

광고주는 사령관, 광고대행사는 전략 파트너

요코야마 : 갈수록 복잡해지는 커뮤니케이션 환경을 파악하는 것은 광고주와 광고대행사 양측 모두에게 요구되는 사안입니다만, 앞서 말씀하셨듯이 변화 속도도 빠른 만큼 결코 쉽지 않은 일입니다.

마노 : 그렇습니다. 단순히 상황 파악에서 그칠 게 아니라 그것을 토대로 전략을 수립하여 실행하고, 효과를 검증해서 차후 마케팅 PDCA 시스템을 운용해야 합니다.

지금까지의 광고대행사는 그러한 영역까지 파고들지는 않았다고 봅니다. 서론에서 말씀하셨듯이 어디까지나 '대행'업을 맡은 거래처로, 앞서 얘기한 PDCA는 기본적으로 광고주 측 마케팅 부문이 담당하고 있었죠.

하지만 아무리 디지털화 덕택에 광고주에게 풍부한 데이터가 집결된다 한들, 그것을 분석하고 최신 기술을 공부하면서 최적의 방법을 도출하는 것은, 솔직히 말씀 드려서 광고주 내부에서는 힘들다고 봅니다.

여기에는 인사 이동의 문제도 있습니다. 기본적으로 광고주 기업에서는 그 업종의 제너럴리스트를 양성하기 위해 부문별 순환 보직이 시행됩니다. 홍보부는 물론이거니와 동일한 상품을 5년, 10년 담당하는 사람은 극히 드뭅니다. 오히려 광고대행사 측 담당자가 과거 이력을 꿰고 있는 경우도 있죠.

요코야마 : 확실히 그런 측면은 있습니다. 그래서 담당자가 바뀌면 같은 실패가 되풀이되죠.

마노 : 환경이나 상황이 다르므로 실패할 수도 있지만, 역시 그 경우에는 지난 경험을 살려 비교하면서 업무에 임해야 합니다. 그렇지

않으면, 또 처음부터 다시 시작하게 되는 셈이니까요.

이러한 상황을 감안하면, 이제부터 광고대행사가 맡을 역할은 광고주가 사령관으로서 올바른 판단을 내리는 데 집중하게끔 돕는 일이라고 봅니다. 바꿔 말하면 마케팅 전략 파트너의 역할입니다.

요코야마 : 거래처에서 전략 파트너로. 바로 이 책의 테마인 '차세대형 광고대행사'의 모습이로군요.

마노 : 네, 이전부터 그러한 관계를 구축해서 성과를 낸 경우도 있습니다. 이미 변화를 시도 중인 광고대행사도 나타났을 겁니다. 하지만 아직도 많은 광고대행사들은 광고 발주만을 목표로 광고주를 방문하고, 주가나 날씨 이야기를 하며, 발주 받으면 "뒷일은 크리에이티브 부문에 맡긴다."는 식으로 손을 뗍니다. 이 같은 업무 방식이 주가 되어 있지요.

새로운 기술과 기법 역시, 발 빠르게 공부해서 제안하는 것은 나쁘지 않지만, 그것이 정말로 담당 기업에 필요한지 고려하는 관점이 결여된 경우가 많습니다. 그래서는 전략이 단발적으로 끝나고, 광고주 입장에 서서 판단하는 마케팅 전략 파트너가 되어 조력하는 것은 불가능할 겁니다.

경합 형식으로 얻는 아이디어는 개별적 해답에 불과

요코야마 : 그렇군요. 상당히 찔리는 데가 있는 이야기인데요, 전략 파트너가 되어야 한다는 지적에는 확실히 공감합니다. 저 자신도 그런 입장에서 다양한 기업의 업무로 단련되어 온 부분이 많다고 생각합니다.

저도 영역이 확대된 만큼, 더 이상 이를 쫓아가지 못하고 대신 지원을 할 인재를 찾는 광고주들의 요구가 무척 늘어났다고 봅니다. 한편으론 장기적인 파트너를 얻는 방법과, 경합을 통해 에이전시끼리 경쟁시켜 더 나은 아이디어를 얻는 방법이 양립하기 어렵다고도 생각합니다.

경쟁을 유도하는 데 따른 이점은 큽니다만, 지금과 같은 시대에서는 브랜드 횡단적 접근법이 필요하거나 마케팅을 변혁시키려는 기업이 나타나기도 하는 상황이니, 광고주와 광고주대행사도 경합 형식에서 벗어난 접근법을 취해야 하는 건 아닐까요?

마노 : 그 점은 광고주 기업도 모색하고 있는 부분입니다. 오랫동안 경합 형식이 기본이었으니 환경 변화를 고려하면 바뀌는 것이 자연스러운 수순이라고 봅니다. 하지만 그럴 경우, 경합 형식으로 얻었던 아이디어를 연구하는 부분은 어떠한 수단을 통해 유지되는 방향으로 가야 하겠죠.

또한, 서론에서 조직의 과제에 대해서도 언급했는데요, 광고와 판촉, 홍보 등 마케팅 관련 영역이 아직 수직적이고 예산과 인재 측면에서도 통합되어 힘을 최대한 발휘할 수 있는 체제를 갖추지 못한 것 같습니다. 이제 겨우 디지털 영역 속에서 광고 집행과 온드 미디어를 통한 발신 등이 통합되기 시작한 참이라고 할까요.

요코야마 : 페이드 미디어밖에 없던 시절에는 '대행'사 기능만으로도 그럭저럭 해결되었지만, 온드 미디어, 언드 미디어로 확대되면 역시 광고주 측 담당자가 아니면 전체를 파악할 수 없지요. 그것을 생각하면 반

대로 광고대행사가 지원 가능한 범위가 좁아지고 있는 듯도 합니다만.

마노 : 이제부터는 광고주가 마케팅 데이터를 전략 파트너인 광고대행사에 공개할 필요가 있습니다. 마케팅 데이터를 공개하지 않는 상태에서 경합 형식을 취해서는 개별적인 해답밖에 얻을 수 없죠.

하지만 이제부터는 어디까지나 토털 마케팅을 공동으로 고려하고, 데이터도 통합적 활용을 검토할 수 있는 파트너 관계를 광고대행사에 요구하는 것이 좋다고 봅니다.

광고매매 '대행'에서 마케팅 '대행'으로

요코야마 : 지금까지 이야기를 들으면서, 미국의 상황을 떠올렸습니다. 미국은 광고대행사 수익 모델의 폭이 넓고 컨설팅을 맡는 경우도 많기 때문에, 가령 새로운 기술이 등장했을 때 컨설팅을 담당하는 광고대행사가 이를 평가하는 일이 종종 있습니다. 일본에서도 새로운 기술을 시험해 볼 것인지 판단하는 것은 일반적인 광고주라면 상당히 어렵지 않나 싶습니다.

마노 : 말씀하신 그대로입니다. 따라서 향후 광고대행사는 컨설팅 가능 여부가 중요해집니다. 반대로 말하면 광고주에게는 그러한 역할을 맡는 파트너가 필요한 것이죠.

파트너가 없으니 지금 경합을 진행해 보았자 결국 어떤 광고대행사에게 의뢰해도 같은 테크놀로지 회사가 하청을 맡는 상황이 발생하고 있습니다. 그렇다면 처음부터 그 회사와 연결되었다면 좋았겠지요. 또 중립적인 위치에서 테크놀로지 평가를 해주는 파트너가 지금 요구되고 있는 겁니다.

요코야마 : 광고매매 '대행'이 아니라 마케팅 '대행'이군요.

마노 : 그렇습니다. 우선 그러한 파트너를 곁에 두고, 테크놀로지 회사 등의 개별 전문가를 두는 구도입니다. 현재 개별적 방법으로는 각각의 전문 사업자가 갈수록 양질의 서비스를 공개하고 있으니, 이메일 마케팅은 이 사업자, 다이렉트 쪽은 저 사업자, 하는 식으로 팀을 구성한 사업자들을 선정하면 됩니다. 해당 과정을 광고주만으로 소화하기는 어려우므로 선정과 조정을 해주는 광고대행사가 필요한 것입니다.

요코야마 : 그렇다면 그러한 전략 파트너로서 관계를 구축하려면 어떻게 하면 될까요?

마노 : 조금 우회적인 방법일지도 모르지만, '광고주를 육성한다'는 발상이 중요합니다. 경쟁사 사례 등을 모아 현재의 경향을 전달하여 광고주를 학습하게 하면서, 자신들도 지금 환경에 적응할 수 있게 성장하는 방식이 좋다고 봅니다.

일전에 한 지방 광고대행사의 컨설팅을 했을 때, 먼저 영업 담당자 전원에게 웹 무료 해석툴 조작 및 분석법을 연구하게 하고 고객 측에 그 툴을 도입시킨 다음, 그 분석 결과를 토대로 광고주에게 제안하도록 권유했습니다. 그랬더니 고객의 과제와 지향점을 알게 되어 제안이 통과되었죠.

세상이 변하고 있으니 스스로도 변해야 하고, 동시에 광고주 또한 변할 수 있게 제안하는 겁니다. 그렇게 하면 자연스럽게 전략적 파트너로서의 관점이 생겨나는 것이죠.

특히 처음 이야기했듯이 광고주는 조직 체제에 과제를 안고 있는 경우가 많으므로, 그 부분까지 손을 써서 실제 조직이 바뀌게 되면 이후의 업무가 아주 쉽게 풀립니다.

요코야마 : 광고대행사가 아무리 우수한 전략 파트너가 되더라도 광고주 내부의 마케팅이 단절되어 있거나, 아까 거론되었지만 예산 및 인재가 최적으로 배분되어 있지 않으면 팀으로서 힘을 발휘할 수 없다는 얘기군요.

마노 : 네. 물론 쉬운 일은 아니지만, 장기적인 파트너가 되려 한다면 거기서부터 양성한다는 관점이 중요합니다.

광고주의 사업과 고객을 철저하게 파악하고, 부단한 노력을 기울여라

요코야마 : 아까 분석 툴에 대한 이야기를 예로 들었습니다만, 매스미디어 광고 운용과 이벤트 운영 등을 실시하는 업무에 비해 광고대행사는 컨설팅 능력과 분석력이 약하죠. 그렇다고 해서 데이터 연구자라 불리는 인재가 외부에서 들어온들, 광고업계의 논리를 모르면 가설 구축은 불가능합니다.

마노 : 그렇지요. '마케팅에 대한 분석'이 중요하다고 봅니다.

요코야마 : 저는 그 부분에서, 광고대행사의 마케팅 플래너와 전략 플래너가 지금까지 맡아온 정성조사를 토대로 한 가설 구축 스킬이 유용할 것이라고 봅니다. 지금 데이터 관리 시스템(DMP)이 큰 기대를 모으고 있습니다만, 시스템을 써서 정성적인 가설 구축을 실제로 검증하려는 접근이 너무나도 미약합니다. 마케팅 플래너와 전략 플래너들이 부디 이러한 흐름을 깨닫고 행동에 옮겼으면 하는 바람입니다.

마노 : 정성 정보와, 경향을 주시하는 정량 정보를 어떻게 조화시켜 구사하는지가 과제로군요. 아무리 정보를 수집해 분석해도, 이를 피드백해서 PDCA를 실시하지 않으면 소용이 없죠.

'차세대형 광고맨'을 목표로 하고 있는 분들은 자신의 스킬을 재점검하고 조율하면서, 자사의 향후 포지션을 확립하길 바랍니다. 이 일은 어떤 광고주와 손잡는지에 따라서도 능력의 발휘 정도가 바뀌게 되니 도전적인 자세의 광고주를 만나면 행운입니다. 설령 그렇지 않다 해도, 예스맨이 되지 말고 경쟁사나 시장에 대한 정보를 제공해서 자극을 가해 광고주를 '교육'하면 될 것입니다.

요코야마 : 중립적인 관점에서 광고주의 미래를 생각해 보면, 그것도 필요한 일이군요.

마노 : 그렇습니다. 지금 마케팅 영역에 이른바 대형 컨설팅 회사 등도 진출을 시작했는데요, 광고대행사가 지금까지 축적한 광고홍보 커뮤니케이션에 관한 노하우 없이는 상당히 고전할 것이라고 저는 생각합니다. 다만, 일본의 광고대행사가 더욱 노력해야 할 부분은, 광고주의 사업과 고객에 대해 더 잘 아는 것입니다. 미국에서는 마케팅 기획을 의뢰받으면 광고대행사는 클라이언트의 공장부터 판매 현장까지 모두 직접 방문하고, 개발자의 이야기를 들으며, 고객 의견도 치밀하게 조사합니다. 이런 부분에 많은 시간을 투자합니다. 게다가 크리에이티브 테스트 하나만 보더라도, 일본에서는 충분히 이루어지지 않고 있지요. 최신 기술 등을 공부하는 한편으로, 그러한 부단한 노력도 게을리하지 않았으면 합니다.

요코야마 : 그 점은 차세대 등과 관계없이, 업무의 원점으로 돌아가 고쳐나갈 필요가 있겠군요.

마노 : 그렇죠. 또한, 환경이 아무리 변하더라도 어떤 크리에이티브

에 의해 사람의 마음을 움직인다는 광고의 본질도 변하지 않습니다. 지금까지 자신들이 축적한 경험과 노하우를 살려서 마케팅 전략 파트너로 성장하기를 기대합니다.

【대담자 약력】
마노 히데아키(真野英明)
1949년생. 게이오기주쿠(慶應義塾)대학 상학부 졸업. 기린맥주 미디어 담당부장, e비즈니스 추진실장, 일본광고주협회 'Web 광고연구회' 대표간사, 일본 라디오광고 추진기구 대표를 역임. 현재는 일본 인터랙티브 마케팅 대표이사를 맡고 있다.

미디어의 가치를 깊이 이해한 플래닝이 필요

미디어와 광고대행사는 앞으로 어떠한 협력 관계를 구축해야 할까. 닛케이 전자판의 광고 세일즈 플래닝과 니혼게이자이신문사에서 디지털 사업 추진을 담당하는, 일본게이자이신문사 디지털 비즈니스국 프로듀서(대화 수록 당시) 도이 세이치로 씨의 견해를 들어 보았다.

알기 쉬운 '판매법'에서 누락된 미디어의 가치

요코야마 : 본서에서는, 상당히 거친 표현이긴 하지만 광고대행사에서 과거 그대로의 업무 방식을 유지하는 사람 중 80%가 직업을 잃게 될 것이라고 언급했습니다. 그중에는 도이 씨가 미디어 측 관계자로서 접해 온 미디어맨들도 포함되는데요, 미디어 정보와 고객 데이터

등, 이전에 광고대행사가 정보 우위에 설 수 있었던 환경이 변하고 있습니다.

특히 고객 데이터를 예로 들자면, 테크놀로지 발전으로 미디어와 광고주 양측 모두 방대한 정보를 입수할 수 있게 되었습니다. 따라서 광고대행사의 미디어맨도 이를 활용하여 도달 가능한 유저의 질에 주목한다는 관점 아래 플래닝을 짜야 하고, 또 그러한 방향으로 변화해야 할 때가 오지 않았나 합니다. 부가가치가 특히 높은 독자를 확보하고 있는 닛케이에서의 경험을 바탕으로 볼 때, 도이 씨는 현재 상황에 대해 어떻게 생각하십니까?

디지털인텔리전스 대표 요코야마 류지(오른쪽)
일본경제신문사 디지털 비즈니스국 프로듀서(대화수록 당시)
도이 세이치로(왼쪽)

도이 : 말씀하신 대로 유저의 질은 저희 회사에서도 매우 중시하는 부분이며, 그것이 경쟁 미디어에 대한 커다란 차별화 요인이 된다고 봅니다.

가장 상징적인 시도가, 현재 300만 건에 이르는 닛케이 ID 발행에 의한 유저 데이터베이스의 일원적 관리입니다. 닛케이 전자판의 시도를 계기로 시작된 부분이 큰데요, 확보한 유저 프로필과 로그인 데이터를 활용해 단순한 임프레션이나 클릭 횟수가 아닌 획기적인 지표로 당사의 미디어 가치를 광고주에게 제공할 수 있지 않을까 모색하고 있습니다.

닛케이 ID에 대해서는 나중에 다시 언급하기로 하고, 현재 상황을 어떻게 보고 있는가 하는 점부터 이야기하도록 하지요. 먼저 디지털이 발전하는 한편으로, 안타깝게도 기존의 종이 미디어 시장은 축소되는 경향을 보이고 있습니다. 그렇다고 디지털 영역의 매출이 종이 부문을 보완하는 수준은 아니며, 전체적으로 볼 때 그럭저럭 유지되고 있는 상황입니다.

광고대행사와 미디어 종사자 여러분들도 통감하고 계시겠지만, 효과 측정이 용이해지면서 기존 광고에 대한 광고주의 눈이 매우 엄격해졌습니다. 또한, 종래형 미디어는 온라인을 중심으로 잇따라 등장하는 새로운 미디어와도 경쟁해야 합니다. 하지만 이것도 상당히 불리한 상황입니다.

솔직하게 말하자면, 기존 미디어 측이 제대로 대응하지 못했던 것이 원인이라고 봅니다. 지금 광고주들은 지속적으로 공부하고 성장하여 많은 지식과 노하우를 지니게 되었습니다. 협상 상대가 더 해박한 영역에서는, 당연한 얘기지만 불리해지기 마련입니다.

요코야마 : 그 점에서는 중간에 끼어 있는 광고대행사에도 문제가 있었던 것이겠죠.

도이 : 그럴지도 모릅니다. 단적인 예가, 클릭당 단가에 대한 평가입니다. 물론 클릭당 단가로 판매하는 것이 적합한 유저 데이터 획득형 미디어도 있겠지만, 그것과 수요 창출형 미디어가 혼재되었던 것이 문제였다고 생각합니다.

미디어 측은 자신들의 부가가치를 명확히 하는 노력을 기울여야 했습니다. 디지털 확대를 따라가지 못하는 미디어와 마케팅 지식이 얕은 온라인 광고대행사의 잘못된 상승 효과로, 클릭당 단가나 임프레션 단가와 같은 알기 쉬운 판매 방법으로 치우치고 말았던 것입니다.

'인지당 비용'으로 미디어의 가치를 평가한다

요코야마 : 하지만 그것만으로 미디어 가치를 측정할 수 없다는 사

실은 확실하지요.

도이 : 네. 닛케이 그룹에서는 예전부터 '페이지 가치(Page Value)'라는 개념을 제창하고, 웹 사이트의 가치를 규모뿐만 아니라 표시 콘텐츠와 열람하는 유저의 질을 합친 3개의 축으로 판단했습니다. 따라서 일본의 다른 미디어에 비하면 광고 단가가 높은 편이라고 봅니다. 참고로 해외 비즈니스 계열 미디어의 단가는 더욱 높습니다.

요코야마 : 클릭당 단가나 임프레션 단가로 판매해서는 안 된다는 논의와 함께, 그것만으로는 팔 수 없게 된 현실도 있습니다. 그 배경에 있는 것이 동영상의 활용입니다. 지금 일부 광고주들은 '인지당 비용'라고도 표현할 수 있는 인지 획득에 주목하고, 온라인 동영상을 이용한 브랜드 인지와 태도 변용을 조사하기 시작했습니다. 하지만 그것이 실은 클릭과 상관성이 없다는 사실이 밝혀진 것입니다.

WPP가 동영상으로 어떻게 인지 등을 획득할 수 있는지 최근 2~3년간 치밀하게 조사한 결과, 미디어 가치를 상대적으로 높게 매기는 프리미엄 광고와 그렇지 않은 광고에서 큰 차이가 있음을 확실히 밝혔다고 합니다. 그래서 프리미엄 광고 구매를 주저하지 않게 되었다는 겁니다.

도이 : 동영상 광고의 등장이 영향을 끼쳤다는 이야기는 잘 알겠습니다. 동영상의 등장으로 광고주는 클릭이 아닌 도달률로 선택하는 판단 기준을 갖기 시작했습니다. 잘 생각해 보면, 이는 매우 합당한 광고 판단기준입니다만.

요코야마 : 그러고 보면 분명 온라인 광고는 독자적으로 발전해 왔지만, 최근 들어 원점으로 돌아가는 듯한 인상이 있습니다. 예를 들어, 미국에서는 이미 TV 광고를 보완하는 매체로서 온라인 동영상이 정의되고 미디어 플래닝을 실시하고 있습니다. 물론 TV 광고를 방영

하는 기업이라면 온라인 동영상의 비율이 크지는 않지만, 설령 10%라도 TV로는 도달할 수 없는 소비자 계층에 확실하게 접근할 수 있는 수단으로서 활용되고 있는 것입니다.

디바이스를 횡단적으로 이용해서 다양한 유저에게 접근하는 통합적인 시각은, 이제부터 일본에도 필요해질 것이라 봅니다. 그 전체적인 설계는 광고대행사의 업무가 되겠지만, 현재와 같은 업무 현장 상황이라면 상당히 어렵습니다. 마케팅 책임자와는 양질의 고객을 개척해서 수요를 창출한다는 마케팅 목표를 토대로 이야기를 진척시킬 수 있는데, 담당자들끼리는 역시 획득 단가 이야기가 주가 되어 버리죠.

도이 : 클릭당 단가나 획득 단가로 생각해야 할 미디어와 브랜드 인지에 활용하는 미디어, 양쪽을 의식하고 포트폴리오를 짜게 하면 좋겠지요. 동영상 광고로 유저로의 도달이 가능하거나 TV 광고를 보완할 수 있게 되면서, 비로소 광고의 영역 안에서 디지털을 어떻게 사용할 것인지 고려할 수 있게 되었습니다.

다만 우리끼리 '도달률 보증'과 같은 개념을 내세우더라도, 다른 회사가 모두 임프레션 보증인 채라면 광고대행사로 취급받을 수 없습니다. 이 부분은 시장과 소통하면서 추진해야 할 것입니다.

닛케이의 'ABC 가치' – 신뢰성, 브랜드 파워, 문맥

요코야마 : 온라인 광고에서도 도달률을 중시하게 되면서, 자연히 우수 콘텐츠를 지닌 미디어일수록 효과가 상승하는 상황이 자리 잡았습니다. 우수 콘텐츠와 양질의 유저 확보에 따른 수익화를 위해, 닛케이에서는 어떠한 노력을 하고 있습니까?

도이 : 그에 대한 시도 중 하나가, 처음에 잠시 소개 드린 닛케이

ID의 활용입니다. 올해에는 닛케이 전자판에서 사용하는 이 ID의 데이터베이스에 닛케이BP의 기사를 열람하기 위한 닛케이BP 패스포트를 통합하고, 500만 건 이상의 데이터베이스를 정비할 예정입니다. 비즈니스맨들을 한데 모은 고객 데이터베이스로는 아시아 최대 규모가 되지 않을까요.

하지만 애초에 보통 기업이라면 고객 데이터베이스를 보유하는 것은 당연하므로, 미디어 기업이 오히려 뒤처져 있는 상황이라고 생각합니다. 신문은 보도 기능을 수행해야 하므로 보도할 뉴스가 일단 존재하며, 독자가 원하는 내용만을 발신하지 않기 때문에 그에 얽매이지 않고 콘텐츠를 만들었던 측면도 있습니다. 지금까지는 유저 기반도 콘텐츠와 동일한 정도로 중요한 자산이라는 사실에 그다지 관심을 갖지 않았습니다.

하지만 디지털 시대에 미디어가 살아남기 위해서는 고객의 가시화는 필수적입니다. 고객 데이터베이스가 있으면 물론 고객과의 관계 형성에도 활용할 수 있고, 광고주를 포함한 외부 파트너 기업의 마케팅을 최적화하는 데도 쓸 수 있습니다. 콘텐츠 열람 이력을 통해 흥미·관심도를 측정하여 고객과의 관계 형성에 활용하는 것은 미디어의 큰 강점이므로, 이를 확실하게 운용할 예정입니다.

요코야마 : 말 그대로 유저 데이터를 활용한다는 얘기군요.

도이 : 네. 수치만 봤을 때 500만이라는 데이터베이스는 그리 큰

규모가 아니지만, 우리들의 데이터는 유저가 닛케이의 서비스를 이용하기 위해 스스로 등록한 것으로 신뢰성이 높습니다. 말하자면 검증된 데이터(Authentic Data)입니다.

그리고 닛케이의 커뮤니티이므로 도달 가능한 비즈니스맨을 어느 정도 포함하고 있다는 것, 그들이 자신과 닛케이의 친화성을 의식하고 있다는 것도 단순한 데이터의 집합체에는 없는 특징입니다. 이를 활용한 도달률을 '브랜디드 리치(Branded Reach)'라 부르고 있습니다.

이와 함께 질 높은 콘텐츠에 의한, 문맥에 따른 '문맥적 접근(contextual approach)'이 가능합니다. 검증된 데이터, 브랜디드 리치, 문맥적 접근을 합쳐 닛케이에서는 'ABC 가치'로 명명하고, 광고 비즈니스 분야의 차별화를 꾀하고 있습니다. 단순히 광고를 판매하는 것이 아니라 유저 데이터를 최대한 활용하여, 광고를 비롯한 마케팅 솔루션을 제공하는 것이 우리들이 목표로 하는 방향성입니다.

요코야마 : 머지 않아 광고주와 미디어의 데이터가 직접 연결되어 데이터 익스체인지를 실시하는 것도 가능할 듯하군요.

도이 : 네, 그럴 거라 생각합니다.

개인정보는 예금과 마찬가지, 콘텐츠와 서비스를 이자로 돌려준다

요코야마 : 광고주도 공부를 하고, 미디어도 자사 자산을 활용하기 위해 힘쓰고 있습니다. 거기에 이들이 직결될 가능성도 있다면, 과연 광고대행사는 어떻게 기능하면 좋을지 판단하기가 어렵군요.

도이 : 데이터베이스를 직결시킬 뿐이라면 기술적으로 어렵지는 않지만, 문제는 쌍방에 이점이 있는 비즈니스 구조를 성립하는 일입니

다. 그에 따라 발생할 다양한 조정 역할을 광고대행사가 맡게 될지도 모릅니다. 상당한 지식과 경험이 필요하겠지만요.

최근의 데이터 관련 동향을 보고 있으면, 저는 이와 같은 개인정보가 향후 마케팅 통화가 될 것이라는 생각이 듭니다. 광고주가 보유하든 미디어가 보유하든, 결국 개인이 자신의 정보를 어딘가에 맡기고 그에 따른 이점을 누리는 겁니다. 이른바 은행에 예금하는 것과 비슷하겠군요. 그럴 경우, 우리들이 독자에게서 맡은 개인 자산을 운용하여 이자를 되돌려주지 않으면 자산은 줄어듭니다. 이때의 이자는 무엇이냐 하면, 서비스와 콘텐츠입니다.

요코야마 : 그렇군요, 잘 알겠습니다. 저도 이전에 데이터 활용 규칙에 관한 논의를 하면서, 개인정보는 개인의 재산이니 그것을 어떠한 편의와 교환할 것인지는 개인의 자유라고 말한 적이 있습니다. 하지만 일본인은 개인정보 활용에 과도한 거부반응을 보이는 경우가 많습니다. 그렇기에, 물론 익명성을 유지하는 전제가 필요하지만, 개인이 정보를 내어줄 만한 편의를 제시할 필요가 있습니다. 그렇지 않으면 데이터 활용도 발전하지 않을 것입니다.

도이 : 그렇습니다. 이쪽에서도 좀 더 유저에게 상세히 설명해서 이득이 되는 측면을 이해시킬 필요가 있겠군요.

그러한 편의에, 누구든 가리지 않고 표시되는 광고는 포함되지 않을지도 모릅니다. 한편으론 그 사람에게 정말로 유익한 정보가 광고로 제시된다면 좋은 반응을 얻겠지요. 저희들로서는 광고라 할지라도 '닛케이를 보고 있으면 유익한 정보를 얻을 수 있다'고 유저가 생각할 만한 환경을 마련하고 싶습니다.

어디까지나 독자의 시점에서 모든 부분을 설계하지 않으면 반발이 생겨날 것이고, 우리들 미디어에게도 득이 되지 않습니다. 나아가서는, 우리들이 지닌 데이터베이스를 플랫폼으로 해서 마케팅 활동을 벌이는 기업에게도 아무 이점이 되지 못합니다. 특히 오디언스가 자산임을 감안하면, 독자의 관점이 누락될 경우 큰 손실을 입을 가능성도 있기 때문에 세심한 주의를 기울여야 한다고 생각합니다.

미디어의 가치를 재인식하여 플래닝하길 바란다

요코야마 : 회사로서는 디지털 활용에 본격적으로 대응하고 있는 것이군요. 그러는 동안 새로운 스킬 세트가 요구되는 경우도 많을 듯합니다만, 예를 들어 미디어에서는 어떤 스킬이 필요합니까?

도이 : 디지털을 잘 알고, 저널리즘을 이해하고, 동시에 영어도 유창한……이라고 얘기하면 너무 노골적이긴 한데요. 역시 개인이 다 맡기에는 한계가 있다고 봅니다. 닛케이에서는 사내와 그룹에서 비교적 디지털에 노하우를 지닌 인물들을 모아 한 부문으로 기능하도록 하고 있는 상황입니다. 전자판에서도 발행인 기능을 조직이 담당하는 디지털편성국 아래에 편집과 판매, 영업 부문이 있고 팀으로서 PDCA를 실시하고 있습니다. 이는 종이신문의 조직 체제와 동일합니다.

하지만 제가 닛케이BP에서 자리를 옮기면서 공부가 되었던 점은, 조직 체제보다도 그곳에서 이루어지는 커뮤니케이션의 양이 많다는 것이었습니다. 처음에는 실현 불가능하다고 생각했던 아이디어도 모두가 함께 토론해서 가다듬어 현실에 적합한 사업 플랜으로 완성되고, 한번 결정이 나니 단번에 기동하기 시작했습니다. 그러한 풍토가 중요한 게 아닐까요.

요코하마 : 과연 그렇군요. 저도 본서에서 광고대행사가 진화하기 위해서는 데이터 연구자와 같은 특출난 능력의 인물을 데려오기보다는, 하이브리드형 인재가 만들어질 환경을 정비하는 것이 가장 중요하다고 썼습니다만, 조직적이라는 점에서는 마찬가지군요. 그렇다면 미디어로서 광고대행사에 기대하는 역할은 무엇입니까?

도이 : 하나는, 아까도 이야기가 나왔습니다만, 미디어와 광고주의 데이터가 직접 연결되는 시대에 비즈니스 구축을 조정하는 역할입니다. 또 하나는 역시 미디어의 가치를 이해하고 사용법을 광고주에게 제안하도록 하는 것입니다.

지금 접촉하고 싶은 유저에게 적절한 타이밍에 도달할 수 있는 프로그래매틱 바잉(Programmatic buying · 데이터를 기반으로 한 광고 구입)이 미국에서 확대되고 있습니다만, 어느 광고에 가치가 있는지 최종적으로 판단하는 것은 사람입니다. 자동으로 효과를 올리는 듯하지만 실은 새삼 사람의 힘이 절실히 요구되는 건 아닐까요. 이러한 점에서, 폭넓은 노하우에 바탕을 둔 광고대행사의 플래닝에는 큰 기대를 걸고 있습니다.

요코야마 : 미디어 측도 시대에 맞춰 진화하고 있는 만큼, 광고대행사도 미디어의 가치를 항상 업데이트해서 파악할 필요가 있겠군요.

도이 : 우리로서는 반가운 말입니다. 우리들도 콘텐츠와 서비스를 더욱 향상시키겠습니다. 예를 들면, 동영상 콘텐츠도 강화할 방침이며, '마이 페이지'와 같이 자신이 관심 있는 기사를 수집할 수 있는 기능도 향상시킬 것입니다.

요코야마 씨가 설명하셨듯이, 현재 구미의 광고업계에서는 프리미엄 미디어의 광고 가치가 새롭게 인식되고 있습니다. 그러한 커다란 격류를 고려하면서 미디어를 재평가해 보길 바라며, 저 역시 앞으로도 기여하고 싶은 마음입니다.

【대담자 약력】

도이 세이치로(戸井 精一郎)

니혼게이자이신문사 고객서비스본부 부본부장 겸 CRM부장 겸 디지털 비즈니스국 프로듀서

1962년생. 1984년 조치(上智)대학을 졸업하고 같은 해 닛케이 맥그로힐사(현 닛케이BP사)에 입사. 이후 전문 매체(종이, 인터넷)의 광고 영업과 신사업 개발에 종사했다. 웹 사이트의 평가는 '페이지 뷰'뿐만 아니라 표시된 '콘텐츠의 질', 그것을 보는 '오디언스의 속성'이라는 3가지 지표로 입체적으로 측정해야 한다고 보고 이를 '페이지 가치'로서 제창했다. 2010년에 니혼게이자이신문사로 옮겨 닛케이 전자판의 광고 세일즈 플래닝과 니혼게이자이신문사의 디지털 사업 추진에 몰두하고 있다. 2014년 2월부터 현직으로 옮겼다.

광고회사란 미디어와 광고주가 변화하면 그제서야 스스로도 변화하는 수동적인 존재였다. 그러나 이제는 소비자와 고객 행동의 급격한 변화가 경영에 있어 최대의 환경 변화임을 인식할 필요가 있다.

아마도 대형 광고대행사는 정보종합상사로서 미디어 및 광고주와의 네트워크를 살려 새로운 사업 모델 구축에 도전하게 될 것이다. 그 과정에서 이미 광고와는 별 관련이 없는 영역으로도 나아가게 될 것이다. 변화하지 못하는 회사는 아쉽지만 시장에서 사라질 운명에 있다.

디지털 보급에 따른 데이터 마케팅 시대는, 시스템 통합 및 컨설팅 기업과 같은 타업종이 테크놀로지 지식을 무기로 광고, 마케팅 분야를 공략하는 시대라고도 할 수 있다. 몇몇 광고회사는 그들에게 흡수되겠지만, 그들이 원하는 것은 광고대행사의 기술보다 홍보부의 역할일지도 모른다. 또한, 외국계 광고회사도 미디어의 광고 섹션을 확보하는 데서 오디언스 데이터를 확보하는 쪽으로 사업 방향을 전환하게 된다. 이로 인해 결과적으로 새로운 진출 시도가 나타나리라고 본다. 현재의 흐름을 비즈니스 선상에서 이해하는 차세대 지향의 인재가 다수 존재할 것이다. 꾸준히 역량을 갈고 닦는 이러한 인재들과 향후 10년을 생각해 보고 싶은 마음이 전달되었으면 한다.

본서는 디지털 인텔리전스 뉴욕 지점의 사카에다 히로후미 대표가 구미의 최근 상황에 관한 원고를 정리하는 등 많은 도움을 주었다. 본서와 같은 내용을 집필할 수 있는 사람은 그리 많지 않을 것이다.

또한, 제1장 '매스미디어의 쇠락, 미디어를 떠도는 유저들'은 디지털 인텔리전스에서 현재 인턴으로 일하고 있는 오쓰키 카이 씨가 내용을 다듬어 주었다. 본서가 출판될 즈음에는 우리 회사의 사원이 되어 있을 것이다.

쇼에이 출판사와는 《차세대 광고 커뮤니케이션》을 출간한 이후 7년 만에 다시금 함께 작업을 하게 되었다. 편집부의 오시쿠보 씨에게 진심으로 감사 드린다. 지면을 빌려 다시 한 번 인사드리는 바이다.

【용어집】

■ Above the line(ATL, 어버브 더 라인)

매스미디어 4대 매체(TV, 신문, 라디오, 잡지)를 이용한 광고, 프로모션 활동의 총칭. 직역하면 '선의 위'라는 의미다.

■ AIDMA(아이드마)

소비자가 구매하기까지의 심리 과정을 나타낸 용어. Attention(주의) → Interest(관심) → Desire(욕구) → Memory(기억) → Action(행동) 순으로 의사결정이 이루어진다고 보고, 각 단어의 머리글자를 연결한 것이다.

■ AISAS(아이사스)

덴츠가 제창한, 웹을 일상적으로 이용하는 소비자의 구매에 관한 심리 과정을 나타낸 용어. Attention(주의) → Interest(관심) → Search(검색) → Action(행동) → Share(공유) 순으로 의사결정이 이루어진다고 보고, 각 단어의 머리글자를 연결한 것이다.

■ Below the line(BTL, 빌로 더 라인)

이벤트, 다이렉트 메일, 점두POP 등을 통한 광고, 프로모션 활동의 총칭. 직역하면 '선의 아래'라는 의미다.

■ CPA(Cost per Action/Cost Per Acquisition)

고객 획득 단가. 성과보수형이나 클릭과금형 광고로, 고객 1명을 획득하는데 드는 비용

■ CPC(Cost Per Click)

클릭당 단가. 검색연동형 광고나 일부 디스플레이 광고 등 유저가 클릭할 때마다 광고비가 발생하는 클릭과금형 온라인 광고에서 클릭 1회당 드는 비용

- **CPM(Cost Per Mille)**

  온라인 광고 집행(표시) 시 1,000회당 드는 비용

- **CRM(Customer Relationship Management)**

  고객 만족도를 향상시키기 위해 고객 데이터를 관리하고 고객 맞춤형 서비스나 판매 촉진을 진행함으로써, 기업과 고객 간의 우호적인 관계를 구축하는 마케팅 기법

- **CTR(Click Through Rate)**

  클릭률. 광고가 유저에게 표시되는 횟수(임프레션 횟수) 가운데 클릭으로 이어지는 비율

- **CV(Conversion)**

  컨버전. 유저에 의한 구입 · 회원 등록 · 자료 청구 등, 각 웹 사이트가 목표로 하는 성과를 달성하는 것

- **CVR(Conversion Rate)**

  컨버전율. 유저가 광고를 클릭한 횟수 가운데, 그것이 웹 사이트가 목표로 하는 구입이나 회원 등록과 같은 성과(컨버전)로 이어진 비율

- **DMP(Data Management Platform/데이터 관리 시스템)**

  광고 집행 데이터나 웹 사이트 방문자 데이터, POS 데이터, 고객 ID 등 다양한 데이터를 관리하는 플랫폼. 광고 집행뿐만 아니라 마케팅 활동 · 사업 전반에 관하여 중요한 역할을 한다.

- **DSP(Demand Side Platform/맞춤형 디지털 매체 구매 시스템)**

  수요자(광고주나 광고대행사)가 실시간 경매에서 광고를 구매할 때 사용하는 플랫폼. 집행 대상자나 광고게재 면, 집행 시간 등 광고 구매 측 편의에 맞는 조건하에 입찰할 수 있다. 반대는 SSP이다.

■ GRP(Gross Rating Point/종합시청률)

출고량과 시청률에 따른 TV 광고의 정량지표. 총시청률이라고도 한다. 스폿광고 계약 등에 이용된다.

■ IMC(Integrated Marketing Communication)

통합 마케팅 커뮤니케이션. 기업이 공급하는 광고, PR, 판매촉진, 다이렉트 마케팅, 제품 패키지 등 모든 마케팅 커뮤니케이션 활동을 소비자 시점에서 재구축하여 전략적으로 통합한 것

■ KGI(Key Goal Indicator)

기업이 규정한 최종 목표의 달성 여부를 판단하기 위해 가장 중시해야 할 지표. KPI와 함께 사용되는 경우가 많다.

■ KPI(Key Performance Indicator)

최종 목표 달성을 위해, 시책이 효과적인지 추정하는 중간적 지표

■ PDCA

Plan(계획) → Do(실행) → Check(평가) → Act(개선)의 4단계를 거쳐 다시 최초의 계획으로 되돌아가 주기를 반복함으로써 개선점을 밝혀 품질 및 성과를 향상시키는 것

■ PV(Page View/페이지 뷰)

웹 사이트 또는 그 특정 페이지가 몇 회 열람되었는지 보여주는 숫자. 사이트 규모를 파악하는 일반적인 지표로 널리 사용된다.

■ ROI(Return On Investment/투자자본 수익률)

투자로 얼마만큼의 수익이 창출되었는지 측정하는 지표. 이익/투자액×100으로 산출되며, 수치가 클수록 투자자본 수익률도 높아진다.

■ RTB(Real Time Bidding/실시간 경매 방식)

미디어에 광고 재고가 1임프레션 발생했을 때 경매를 열어 가장 높은 가격으로 해당 임프레션을 구매하는 광고주의 광고를 집행하는 시스템

- **SEM(Search Engine Marketing)**

  검색 엔진을 통해 자사 웹 사이트를 방문하는 유저를 늘리는 마케팅 기법. SEO, 검색연동형 광고 등의 기법이 있다.

- **SSP(Suply Side Platform/공급자 측 구매 시스템)**

  공급자 측(미디어)이 실시간 경매를 열기 위한 플랫폼. 반대는 DSP

- **UU(Unique User/순 방문자)**

  웹 사이트를 방문한 유저 수. 같은 10,000PV라도 100명의 유저가 100회씩 특정 페이지를 본 경우에는 100UU, 10,000명의 유저가 1회씩 사이트를 본 경우에는 10,000UU로 나타낸다.

- **검색연동형 광고(리스팅 광고)**

  검색 엔진으로 검색했을 때, 유저가 입력한 키워드와 관련된 광고가 검색 결과 페이지에 표시되는 광고 서비스. 리스팅 광고라고도 한다. 야후의 '스폰서드 서치', 구글의 '구글 애드워즈'가 일본 국내에서 높은 점유율을 보이고 있다.

- **고객 여정(Customer Journey)**

  유저의 행동 맥락을 여정에 비유한 과정을 말한다.

- **구매 의사 결정 과정(Purchase Funnel)**

  소비자가 물건을 구입하기까지 의식의 추이를 도식화한 것. Purchase는 구매, Funnel은 깔때기를 의미한다.

- **다이렉트 마케팅**

  TV 광고 등을 이용한 불특정 다수 소비자나 법인에 대해 마케팅 활동을 하는 매스 마케팅과 달리, 특정 소비자나 법인과 직접 접촉하여 고객 데이터에 맞춰 시행하는 마케팅 활동

■ 데모그래픽(Demographics)

고객 데이터 분석법 중 하나. 성별, 연령, 거주지, 수입, 직업, 학력 등 대상자가 지닌 인구통계학적 속성을 나타낸다.

■ 데이터 드리븐(Data-Driven)

효과 측정 등으로 얻은 데이터에 의거해 다음 행동을 취하는 것

■ 데이터마이닝

상품 판매 개수나 매출액, 웹 사이트 방문자 수, 심지어는 해당 일의 날씨와 같이 아직 가공 및 분석이 이루어지지 않은 다양한 정보를 토대로 각 항목의 상관관계에서 규칙성을 발견하여 마케팅에 활용하는 것

■ 데이터베이스 마케팅

데이터베이스에 축적된 고객 속성과 구매 이력 정보를 토대로 접근하는 마케팅 기법

■ 도달률(Reach)

광고 도달률. 광고가 얼마만큼 유저에게 노출되었는지에 대한 비율을 나타내는 지표

■ 디스플레이 광고

배너광고나 패널광고 등 웹 사이트상에 포함되어 상시 노출되는 광고. 클릭하면 광고주의 사이트나 상품 사이트로 연결되는 것이 일반적이다.

■ 리타기팅(Retargeting)

광고주 웹 사이트를 방문한 적이 있는 유저를 대상으로 미디어 사이트에서 해당 광고주와 연관된 온라인 광고를 노출하는 것

■ **브랜딩(Branding)**

마케팅 활동을 통해 타 경쟁사와 차별화하여 기업이나 제품이 지닌 부가가치 및 이미지를 향상시키는 것

■ **사이코그래픽(Psychographics)**

소비자의 심리를 기반으로 한 속성. 가치관과 라이프스타일, 기호 등 인간 심리에 관련된 고객정보를 가리킨다.

■ **성과보수형 광고**

자료 청구나 상품 구입 등, 광고주 입장에서 최종적인 성과를 이루었을 때 요금이 발생하는 광고

■ **세그먼트**

소비자를 연령, 직업, 거주지 등 추출하려는 특정 조건에 따라 그룹별로 분류하는 것

■ **센티먼트**

특정 브랜드나 기업에 대해 시장 전체가 지닌 인상이나 심리 상태. 긍정적 · 중립 · 부정적 중, 어느 쪽으로 치우쳐 있는지 측정하는 기준

■ **소비자 인사이트**

소비자, 고객의 행동이나 태도 속에 숨겨진 심리를 파악하는 것

■ **소셜미디어(Social Media)**

개인이 정보를 제공하거나 서로 교환함으로써 콘텐츠가 형성되는 웹상의 쌍방향성 미디어 전반. 개인 블로그나 게시판 등도 소셜미디어에 해당된다.

■ 심층면접법(depth interview)
응답자와 면접자가 대면하여, 기본적으로 1대1 대화를 진행하는 조사 기법. 정성조사의 한 종류

■ 애드 네트워크(Ad-Network)
온라인 광고 미디어의 웹 사이트를 다수 모은 광고 집행 네트워크를 말한다.

■ 애드 서버(Ad-Server)
온라인 광고의 집행 및 관리를 위한 서버

■ 애드 익스체인지(Ad-Exchange)
복수의 미디어나 애드 네트워크에서, 입찰 방식을 통해 광고 재고를 구입할 수 있는 시스템. 애드 네트워크, 또는 DSP를 경유하여 구입한다.

■ 어트리뷰션(attribution) 분석
미디어별 전환 공헌도를 조사·심사하는 것. 예를 들어, 유저가 어떤 광고를 클릭하여 자사 상품을 구입한 경우, 해당 유저가 그때까지 다른 어떤 미디어를 보고 있었으며, 구매에 얼마만큼 영향을 미쳤는지 조사한다.

■ 언드 미디어(Earned Media)
소셜미디어 등의 외부 미디어. 상품을 파는 것이 목적이 아닌, 유저의 신뢰나 인지도를 얻는 것을 목적으로 한다.

■ 업셀(up-sell)
어떤 상품을 사려는 고객이나, 이미 자사 상품을 이용하고 있는 고객에게 가격 또는 이익률이 보다 상위인 제품을 제안하여 매출 상승을 꾀하는 것

- **오디언스 타기팅(Audience Targeting)**

  유저의 행동이력 데이터를 복합적으로 분석하고, 이를 바탕으로 유저를 분류하여 타기팅 광고를 집행하는 것

- **오프라인 투 온라인(Offline to Online)**

  온라인 투 오프라인과 반대의 의미로, 데이터화되지 않은 다수의 내점객을 데이터화하는 것 등을 가리킨다.

- **온드 미디어(Owned Media)**

  자사 웹 사이트, 기업 블로그 등 자사가 소유 · 관리하는 미디어

- **온라인 투 오프라인(Online to Offline)**

  온라인을 통해 오프라인 매장으로 소비자를 끌어들이는 시책. 일반적인 예로, 온라인에서 쿠폰을 발급하여 점포 방문을 유도하는 것 등을 들 수 있다.

- **옴니 채널(Omni-Channel)**

  온라인, 오프라인을 불문하고 옴니(모든) 채널을 고객과의 접촉 · 판매 기회로 연결시키는 것

- **옵트 아웃(Opt-out)**

  옵트 인 상태인 유저가 기업에 의뢰하여 이메일 등의 수신을 거부하는 것. 일단 옵트 인 상태인 유저라도, 기업은 언제든 옵트 아웃할 수 있도록 이메일 매거진 하단 등에 탈퇴 메뉴로 이어지는 경로를 게재하는 것이 특정전자우편법으로 의무화되어 있다.

- **옵트 인(Opt-in)**

  사전에 유저가 능동적인 행동을 취해 다이렉트 메일이나 이메일 매거진 등의 구독을 수락한 상태. 예를 들어, EC 사이트에 신규 등록할 때

'해당 사이트에서 발송하는 이메일을 수신한다'의 체크 박스에 유저 스스로 체크했을 경우 옵트 인으로 간주한다.

- **운용형 광고**

광고 기술을 활용하여 광고 최적화를 자동적 또는 즉각적으로 지원하는 광고 기법. 검색연동형 광고, 애드 익스체인지, SSP, DSP, 또는 일부 애드 네트워크 등을 가리킨다.

- **임프레션(Impression)**

광고가 유저에게 노출되는 것, 노출된 횟수를 '임프레션 수'라고 한다.

- **제3자 공급(3PAS)**

미디어가 아닌, 광고주나 광고대행사 등이 자체 애드서버에서 광고 공급을 관리하는 것

- **추천 시스템**

유저의 최근 열람·구매 이력 등에서 흥미나 관심을 가질 만한 정보 및 상품을 자동적으로 판단하여, 이메일 내용이나 랜딩 페이지에 반영해 구매 행위로 연결시키는 기법

- **쿠키(Cookie)**

유저의 PC에 저장되는, 유저를 식별하기 위해 이용되는 데이터. 웹사이트 방문 횟수나 머무른 시간, 최종 방문 일시 등 접속 이력을 기록할 수 있다.

- **크로스셀(cross-sell)**

어떤 상품을 사고 싶어 하는 고객이나, 이미 자사 상품을 이용하고 있는 고객에게 관련 상품을 함께 제안함으로써 매출 향상을 꾀하는 것

■ 클러스터

유저의 속성과 행동에 따라 특정 그룹으로 분류한 것

■ 텍스트마이닝

고객 문의사항이나 설문조사 결과, 소셜미디어에 올린 기업 관련 게시글과 같은 '고객의 목소리'를 텍스트 데이터로 축적 · 분석하여 마케팅에 활용하는 것. 방대한 데이터 가운데 중요한 정보를 어떻게 추출할 것인지가 과제이며, 다양한 수단과 기법이 개발되고 있다.

■ 트래픽

네트워크 상에서 흐르는 데이터양을 말한다.

■ 트리플 미디어(Triple Media)

페이드 미디어(판매 미디어, Paid Media), 언드 미디어(평가 미디어, Earned Media), 온드 미디어(자사 미디어, Owned Media)의 3가지 미디어를 가리킨다.

■ 퍼스트뷰(first view)

유저가 처음 웹 사이트를 방문했을 때 가장 먼저 눈에 들어오는 부분. 스크롤을 내리지 않으면 표시되지 않는 부분은 퍼스트뷰에 포함되지 않는다.

■ 페르소나

연령 · 성별 · 거주지 등 특정 범주의 대표적인 특징을 동시에 갖는 가공의 유저. 해당 인물을 겨냥한 접근법을 연구하여 상품 기획과 설계를 하는 기법을 '페르소나 마케팅'이라고 한다.

■ 페이드 미디어(Paid Media)

신문, TV, 웹 사이트의 광고 섹션 등 광고비를 지불하여 정보를 게재하는 미디어

- 푸시형

  미리 정해진 시간이나 제공 측 편의에 맞춰 유저에게 정보를 전달하는 모델. 유저는 수동적으로 정보를 수용하게 된다. 푸시형 미디어의 예로 TV를, 푸시형 광고의 예로 TV 광고나 디스플레이 광고 등을 들 수 있다.

- 풀형

  유저가 능동적으로 접근했을 때 정보를 제공하는 모델. 풀형 미디어의 예로는 인터넷, 풀형 광고의 예로는 검색연동형 광고를 들 수 있다.

- 프리퀀시(Frequency)

  특정 유저에게 특정 광고가 몇 회 노출되었는지 나타내는 지표

데이터를 지배하는 자가 비즈니스를 지배한다

광고 비즈니스 향후 10년

초판 1쇄 발행 2015년 2월 27일
초판 2쇄 발행 2015년 11월 23일

지은이 요코야마 류지 · 사카에다 히로후미
역 자 애드텍포럼
펴낸이 박정태
편집이사 이명수 **감수교정** 정하경
책임편집 김동서 **편집부** 위가연, 조유민
마케팅 조화묵, 이상원 **온라인마케팅** 박용대, 김찬영
경영지원팀 최윤숙
펴낸곳 북스타
출판등록 2006. 9. 8. 제 313-2006-000198호
주소 파주시 파주출판문화도시 광인사길 161 광문각빌딩
전화 031-955-8787
팩스 031-955-3730
E-mail kwangmk7@hanmail.net
홈페이지 www.kwangmoonkag.co.kr
ISBN 978-89-97383-50-4 03320
가격 15,000원